权威·前沿·原创

皮书系列为
"十二五""十三五"国家重点图书出版规划项目

中国社会科学院创新工程学术出版项目

工业和信息化蓝皮书

BLUE BOOK OF INDUSTRY AND INFORMATIZATION

人工智能发展报告
（2018~2019）

ANNUAL REPORT ON THE DEVELOPMENT OF ARTIFICIAL INTELLIGENCE (2018-2019)

主　编／尹丽波
国家工业信息安全发展研究中心

社会科学文献出版社
SOCIAL SCIENCES ACADEMIC PRESS (CHINA)

图书在版编目（CIP）数据

人工智能发展报告.2018~2019/尹丽波主编. ——
北京：社会科学文献出版社，2019.6
（工业和信息化蓝皮书）
ISBN 978-7-5201-4747-7

Ⅰ.①人… Ⅱ.①尹… Ⅲ.①人工智能-产业发展-
研究报告-中国-2018-2019 Ⅳ.①F49

中国版本图书馆 CIP 数据核字（2019）第 075524 号

工业和信息化蓝皮书
人工智能发展报告（2018~2019）

主　　编／尹丽波

出 版 人／谢寿光
责任编辑／张　超

出　　版／社会科学文献出版社·皮书出版分社（010）59367127
　　　　　　地址：北京市北三环中路甲29号院华龙大厦　邮编：100029
　　　　　　网址：www.ssap.com.cn
发　　行／市场营销中心（010）59367081　59367083
印　　装／三河市东方印刷有限公司
规　　格／开本：787mm×1092mm　1/16
　　　　　　印张：14　字数：180千字
版　　次／2019年6月第1版　2019年6月第1次印刷
书　　号／ISBN 978-7-5201-4747-7
定　　价／128.00元

本书如有印装质量问题，请与读者服务中心（010-59367028）联系

▲ 版权所有 翻印必究

工业和信息化蓝皮书编委会

主　编　尹丽波

副主任　程晓明　李新社　何小龙　郝志强

委　员　邱惠君　黄　鹏　夏万利　陈正坤　李　丽
　　　　　高　玮

《人工智能发展报告（2018~2019）》
课题组

课题编写　国家工业信息安全发展研究中心
　　　　　　人工智能所

指　　导　付万琳　易江燕　杨　阳　于献智　王兴宾

组　　长　李新社

副 组 长　邱惠君　李向前

编写人员　刘晓馨　张　瑶　张熠天　梁冬晗　王　淼
　　　　　　王茜硕　赵　杨　朱顺辉　张　倩　刘雨菡
　　　　　　杨　玫　李　玮　杨　柳　邱凯达　贾　群
　　　　　　于　波　杜　娟　明书聪

主编简介

尹丽波 国家工业信息安全发展研究中心（工业和信息化部电子第一研究所）主任、党委副书记，高级工程师。工业信息安全产业发展联盟理事长、工业大数据分析与集成应用工业和信息化部重点实验室主任。长期从事网络信息安全和信息化领域的理论与技术研究，先后主持工业转型升级专项、国家发改委信息安全专项等重要研究课题，作为第一完成人获部级奖励3项。

国家工业信息安全发展研究中心

国家工业信息安全发展研究中心（工业和信息化部电子第一研究所），前身为工业和信息化部电子科学技术情报研究所，成立于1959年。经过60年的发展与积淀，中心在工业信息安全、两化深度融合、工业互联网、大数据、人工智能、物联网、军工电子和工业经济等诸多领域具有较强的优势积累和持续能力，逐渐形成软硬协同的业务体系。多年来，中心积极参与国家重大战略、规划、政策编制，为行业主管部门、科研机构、高等院校和行业企业提供专业咨询和技术服务。国家工业信息安全发展研究中心还是两化融合服务联盟、工业信息安全产业发展联盟等的发起单位和依托单位。

国家工业信息安全发展研究中心将深入贯彻习近平新时代中国特色社会主义思想，以服务于新时代制造强国和网络强国建设为使命，以保障工业领域信息安全、推进信息化和工业化深度融合为主攻方向，致力于成为支撑国家战略决策的高端智库和服务产业创新发展的权威机构。

序　言

习近平总书记指出，新一轮科技革命和产业变革正在重构全球创新版图、重塑全球经济结构，要推进互联网、大数据、人工智能同实体经济深度融合，做大做强数字经济。当前，新一代信息通信技术创新步伐不断加快，以前所未有的广度和深度与经济社会交汇融合，创新活力、集聚效应和应用潜能加速释放。我们要深刻学习领会习近平总书记重要指示精神，把握科技革命和产业变革的大趋势，洞察工业和信息化发展的内在规律，提升应对新情况新问题新挑战的能力，推动工业和信息化领域高质量发展。

一是新一代信息技术与实体经济深度融合，制造业数字化转型引领全球产业变革。

全球范围内，新一轮工业革命正蓬勃兴起，以互联网、大数据、人工智能为代表的新一代信息技术加速向制造业渗透融合，新技术、新模式、新业态层出不穷，推动实体经济特别是制造业加快数字化转型步伐。发达国家纷纷制定制造业数字化转型战略，《德国工业2030战略》明确指出新一代信息技术与制造业融合发展是大势所趋，《先进制造业美国领导力战略》则提出推动融合型技术产品发展。据IDC数据，近年来，全球制造业数字化转型投入持续攀升，2018年达到3330亿美元。

我国长期以来持续推进信息化和工业化融合，新一代信息技术与制造业融合发展步伐不断加快，在提升技术产业创新能力、激发制造业"双创"活力、培育新模式新业态等方面成效日益显现。进入新时代，我国经济正在由高速增长阶段转向高质量发展阶段，中央经济工作会议将推动制造业高质量发展作为七项重点工作的首要任务，强调要坚定不移建设制造强国。2019年政府工作报告提出，打造工业互联网平台，拓展"智能+"，为制造业转型升级赋能。我们必须牢牢把握信息化带来的千载难逢的机遇，立足实体经济特别是制造业这一立国之本、强国之基，将制造业数字化转型作为推动我国科技跨越发展、产业优化升级、生产力整体跃升的战略支点，全面推进新一代信息技术与制造业全要素、全产业链、全价值链的深度融合，加速制造业迈向全球价值链中高端，加快制造强国和网络强国建设。

二是全球数字经济发展迈入全面推进新阶段，围绕国际规则制定的探讨日益频繁。

全球数字经济继续蓬勃发展，成为带动新兴产业发展、推动传统产业转型、实现包容性增长和可持续发展的重要驱动力。相关数据显示，全球数字经济规模增至近13万亿美元，数据增长率维持在40%左右。领先国家聚焦新一代信息技术进行战略布局，打造数字经济核心竞争力。2018年，OECD调研的38个经济体全部制定了国家数字化战略、议程或规划。与此同时，全球数字经济发展迈入规则探讨和针对大数据、人工智能和信息安全等建章立制的重要时期。在国际多边对话与合作平台上，各经济体充分探讨新技术新应用带来的机遇及其在增强公共服务效用、提升社会福利水平的积极作用。2018年APEC会议以"把握包容性机遇，拥抱数字化未来"为主题，探讨数字经济发展和包容性二者之间的关系。2019年G20大阪峰会依然关注数字经济推动可持续发展问题，重点讨论共享数字化转型机遇。

党的十九大指出，要推动互联网、大数据、人工智能和实体经济深度融合。在十九届中央政治局第二次集体学习时，习近平总书记再次强调，要构建以数据为关键要素的数字经济，推动实体经济和数字经济融合发展。在习近平新时代中国特色社会主义思想指引下，我国数字经济蓬勃兴起，迈入发展的快车道。我们要准确把握发展大势，发挥经济大国、数据大国的叠加优势，以更高站位、更大格局、更宽视野共同推动我国数字经济做大做强，打造经济高质量发展新动能。

三是信息技术产业发展格局存在不确定性，新兴技术领域竞争日趋激烈。

信息技术产业是全球研发投入最集中、创新最活跃、应用最广泛、辐射带动作用最大的领域，是国际技术创新的竞争高地。美国、英国、德国、日本等信息技术发达国家长期占据产业价值链高端。普华永道思略特《2018年度全球创新1000强报告》显示，全球创新1000强企业中，北美企业数量分别在软件和互联网、计算机与电子产品两个行业中占据61%和38%，前10名中共计有6家，处于绝对的领导者地位。与此同时，亚洲等其他地区的创新不断加快。美国国家科学基金会在《2018科学与工程指标》报告中强调，世界科技创新格局正呈现多极化发展趋势。随着中国、印度、韩国和其他亚洲经济体的快速发展，全球整体科技能力日益提升。以人工智能、5G为代表的新一代信息技术正处于创新突破的新一轮"黄金时期"。在海量数据、深度学习算法和高性能计算力的联合驱动下，人工智能技术引发的智能化变革成为未来生产力提升和经济发展的重要驱动力，将持续创造新市场、新业态、新机会，全面重塑传统行业发展模式和竞争格局。凭借强大的赋能作用，人工智能已成为当前国际竞争的新焦点。

我国信息技术产业经历了从无到有、由小到大的转变，实现了持续快速发展。特别是党的十八大以来，党中央国务院高度重视信息技术产业补短板、强基础、抓创新，不断推动产业高端化、融合化、国际化发展，产业内生发展动力日益增强，成为驱动企业创新发展的新引擎、促进经济增长的新动能。但我国信息技术整机产品世界领先与底层核心技术自主可控缺失并存，产品供应链的安全问题凸显。在当前日益复杂严峻的国际形势下，我们要强化核心技术和关键产品攻关、新模式新业态培育、传统产业数字化转型、新型基础设施建设等，全方位推动我国实体经济高质量发展。

四是开放互联和技术进步带来新的安全风险，工业控制系统面临严重威胁。

伴随现代制造业数字化、网络化、智能化快速发展，工业信息安全越来越受到各国尤其是发达国家的高度重视，成为网络空间安全的一大焦点领域。全球范围内工业设备联网数量持续增长，越来越多的生产组件和服务与互联网相连接，云计算、大数据等技术在工业领域加速融合应用，催生新的技术架构、运营模式，也不断产生安全新漏洞和攻击点。工业控制系统、智能设备、物联网等安全漏洞数量居高不下。大规模高强度安全事件屡有发生，网络钓鱼和勒索病毒攻击精准指向制造、航空、冶金、采矿、能源等重点领域工业企业，攫取经济利益，盗取知识产权，工业信息安全成为各国政府持续高度关注的重大安全领域。美国、欧盟、新加坡等国家和地区以关键信息基础设施安全防护为切入点，聚焦能源、电力等重要工业领域，进一步提升和细化安全防护要求，优化工业网络等基础设施。

习近平总书记指出，"没有网络安全就没有国家安全""坚持总体国家安全观。统筹发展和安全，增强忧患意识，做到居安思危，是我们党治国理政的一个重大原则"。工业信息安全作为国家安全体系的有机组成部分，事关经济运行、社会稳定和国家安全。我们必须充分认识工业信息安全的极端重要性，围绕工业互联网、工业云、工业大数据等产业发展需求，以应用为牵引，推动工业信息安全技术创新突破、企业做大做强、安全产业规模持续增长，大力提升工业信息安全保障能力，不断开创工业信息安全新局面。

工业和信息化领域是国际竞争的战略高地，新热点新形势新问题不断出现，亟须进行前瞻性和系统性地研究。值此新中国成立70周年之际，国家工业信息安全发展研究中心推出2018~2019年度"工业和信息化蓝皮书",对数字经济、工业信息安全、集成电路产业、人工智能、新兴产业等工业和信息化重点领域的最新动态、重点问题、发展趋势进行了详细探讨。相信读者们能够从书中汲取经验,不断探索,共同推动工业和信息化快速健康发展,为制造强国和网络强国建设作出新的更大贡献。

是为序。

中国工程院院士

摘　要

　　人工智能正处于发展的第三次"黄金时期"，是新一轮科技革命和产业变革的重要驱动力量。2018年，人工智能在商业化探索之中迎来了新的发展阶段，全球人工智能产业规模不断扩大，基础理论研究与核心技术持续突破，从衣食住行到教育医疗，人工智能全方位与经济社会融合发展，逐渐渗透到普通大众生活。为了抢占发展的战略制高点，当前人工智能领域竞争日益激烈。中国、美国、英国、德国、法国、日本和韩国等主要国家纷纷出台政策，依托本国发展基础推动人工智能产业发展。就产业链来看，基础层、技术层、应用层竞争力度不断加大，科技巨头、初创企业纷纷发力，意图占据各个赛道制高点。2018年，人工智能仍是投融资市场关注的焦点，中美依然是人工智能投资的热门区域，但与2017年的蜂拥而上不同，2018年全球人工智能投融资市场渐趋理性，成熟的人工智能应用场景更受到资本方青睐。

　　在全球人工智能发展热潮的引领下，近年来，中国人工智能砥砺奋进，也取得了一定的突破。技术上，经过多年积累，我国人工智能技术水平不断提高，相关论文和专利数量已达全球领先，部分应用技术快速发展，在国际赛事中多次拔得头筹。产业上，科技巨头全面布局，大批初创企业快速发展，人工智能产业规模、企业数量、资本市场均呈现爆发式增长，我国人工智能在国际舞台上发挥着越来越重要的作用。在地区分布上，我国人工智能产业呈现三个梯队并行发展的良好态势，区域发展各具特色。总体来说，我国人工智能加速与实体经济融合，落地场景不断丰富，融合深度持续加强，逐渐成为实体经济转型升级的新动能,我国人工智能迈入融合发展新阶段。

企业向来是行业发展的先锋力量,人工智能已经成为科技企业战略布局重点。谷歌、脸书、亚马逊、微软、IBM等企业纷纷布局人工智能生态,并推动相关技术快速发展,旨在建立从AI技术、整体解决方案、开源平台到硬件和产业应用的完整生态体系。百度、阿里、腾讯、京东、科大讯飞等国内企业紧追国际巨头步伐,依托自身核心业务打造人工智能发展优势。新创"小巨头"企业瞄准重点领域深耕细作,在垂直领域取得突破。传统行业企业加快推进向智能化转型升级,避免落后于人。

展望未来,海量数据的形成、理论算法的革新、计算能力的提升及网络设施的演进将驱动人工智能加速发展,计算机视觉、自然语言处理、智能语音等技术的成熟将推动人工智能走向实用。随着人工智能技术及产业趋于成熟,其行业应用也将取得更加明显的进展和突破,人工智能与传统行业深度融合应用仍然是未来的主要趋势。针对人工智能伦理、道德、安全等问题的思考也将不断推进,人工智能正一步步走向理性。

关键词: 人工智能　芯片　融合发展

目 录

Ⅰ 总报告

B.1 全球人工智能开启深度赋能新时代 …………… 刘晓馨 / 001
  一 全球人工智能支出快速增长 ………………………… / 002
  二 基础研究和研发不断深入 …………………………… / 003
  三 三大基础要素继续突破 ……………………………… / 005
  四 行业应用落地加快推进 ……………………………… / 007
  五 产业发展环境持续优化 ……………………………… / 009
  六 未来人工智能将实现纵深发展新跨越 ……………… / 012

B.2 中国人工智能迈入融合发展新阶段 …………… 张　瑶 / 017
  一 产业实力迅速扩张，国际竞争力不断凸显 ………… / 017
  二 中央地方频频发力，联合推动行业落地发展 ……… / 021
  三 融合应用不断深化，成为经济发展新动能 ………… / 028
  四 发展环境积极利好，产业发展氛围浓厚 …………… / 029

Ⅱ 产业篇

B.3 全球人工智能呈现特色化发展新格局 …… 张　瑶　王　淼 / 035

B.4 人工智能已经成为科技企业战略布局重点
............刘雨菡 赵 杨 王茜硕 梁冬晗 贾 群 / 056

Ⅲ 技术篇

B.5 核心基础技术驱动人工智能产业加速发展
............张 倩 王茜硕 杨 柳 李 玮 杨 玫 / 076

B.6 应用技术水平提升推动人工智能走向实用
............................王茜硕 张熠天 / 102

Ⅳ 融合篇

B.7 人工智能与实体经济融合初见成效
............梁冬晗 张 倩 李 玮 于 波 赵 杨 / 113

Ⅴ 投融资篇

B.8 人工智能投融资市场从喧嚣走向理性...........梁冬晗 / 141

B.9 成熟应用场景和企业更受资本方青睐............梁冬晗 / 149

Ⅵ 专题篇

B.10 人工智能芯片迎来重要战略机遇期............张 倩 / 153

B.11 计算机视觉步入黄金发展期
........................张 瑶 王 淼 邱凯达 / 159

B.12 服务机器人临近爆发增长期
........................赵 杨 刘晓馨 梁冬晗 / 172

Ⅶ 附录

B.13 投资考量框架 …………………………………… 梁冬晗 / 180

B.14 致　谢 …………………………………………………… / 184

Abstract …………………………………………………… / 185
Contents …………………………………………………… / 188

总报告

General Reports

B.1 全球人工智能开启深度赋能新时代

刘晓馨*

摘　要： 2018年，人工智能迎来了商业化探索之路，人工智能进入快速发展阶段，基础理论研究与核心技术突破继续推进，从衣食住行到教育医疗，人工智能全方位与经济社会融合发展，逐渐渗透到普通大众的生活。同时，针对人工智能伦理、道德、安全等问题的思考也不断深入，人工智能的发展正趋于理性。

关键词： 人工智能　新时代　赋能

---

* 刘晓馨，国家工业信息安全发展研究中心高级工程师，主要从事人工智能、新一代信息技术等领域的研究。

一　全球人工智能支出快速增长

"人工智能"的概念较为宽泛，概括而言，就是对人的意识和思维过程进行模拟，利用机器学习和数据分析方法赋予机器类人的能力。1956年达特茅斯会议首度提出"人工智能"的概念。经过60多年的发展，人工智能共经历了三次发展浪潮：第一次为20世纪50年代末至80年代初，图灵测试推动了人工智能理论的诞生；第二次为20世纪80年代初至20世纪末，专家系统助推人工智能实验室攻关；第三次为21世纪初至今，以深度学习算法、计算能力提升、大数据等为代表的技术创新，加速人工智能规模化商用（见图1）。

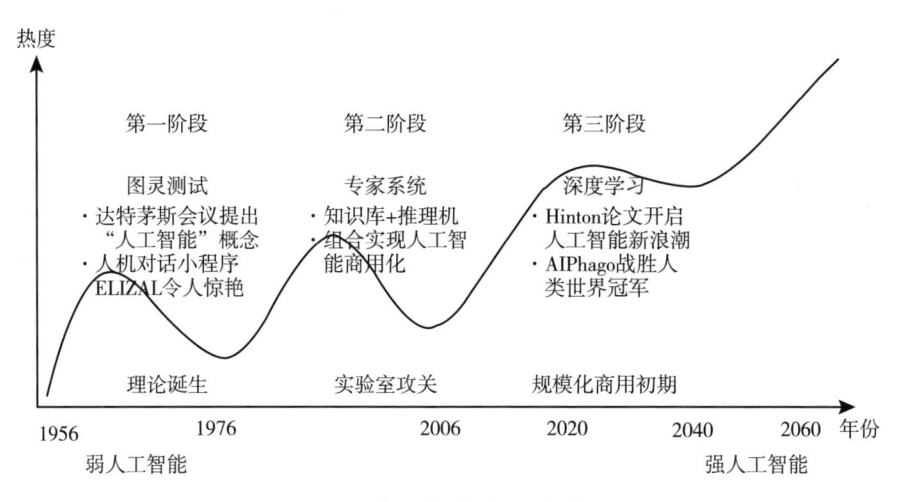

图1　人工智能发展浪潮

资料来源：华夏幸福，国家工业信息安全发展研究中心整理。

在大数据、算法和计算能力三大要素的共同驱动下，人工智能将实验室技术带进生产实践，规模化商业应用带动全球人工智能系统支出迅速增长。国际数据公司IDC报告显示，2018年全球人工智能系统支出达248.6亿美元，2019年将达358亿美元，较2018年增长44%，2022年将达792亿美元，预测期内（2018～2022年）复合年增长率为38%。

二 基础研究和研发不断深入

2018年，人工智能基础理论研究得到世界各国高度关注，人工智能论文、专利数量不断提升，人工智能已成为世界各国研发热点，正迎来全面的技术创新突破。

1. 人工智能论文数量不断攀升

过去20年间，全球多个国家与地区广泛参与人工智能基础研究。人工智能成为当前学术界关注的第一热点领域，论文数量不断提升，赶超历年来一直领先的计算机科学论文数量。斯坦福大学最新发布的《2018 AI指数年度报告》数据显示，1996年以来，人工智能论文增加了7倍，计算机科学论文在同一时间段内增加了5倍（见图2）。就国家和地区分布来看，依据清华大学统计数据，中国、美国人工智能论文产出居全球第一、第二位，且论文数远超居第三位的英国，位于人工智能论文产出的第一阵营。英国、日本、德国、印度、法国、加拿大、意大利、西班牙、韩国、中国台湾、澳大利亚构成了人工智能论文产出的第二梯队。伊朗、巴西、波兰、荷兰、土耳其、新加坡、瑞士等国组成第三梯队。其中，中国人工智能论文产出取得了长足的进步，中国人工智能论文累计数量从1997年的1000余篇快速增长至2017年的369588篇，在该领域论文全球占比也从1997年的4.26%增长至2017年的27.68%（见图3）。就技术领域来看，机器学习、神经网络、计算机视觉等相关技术引发的关注度最高，依据斯坦福大学数据，2014～2017年，关于神经网络的论文数量增长率为37%。

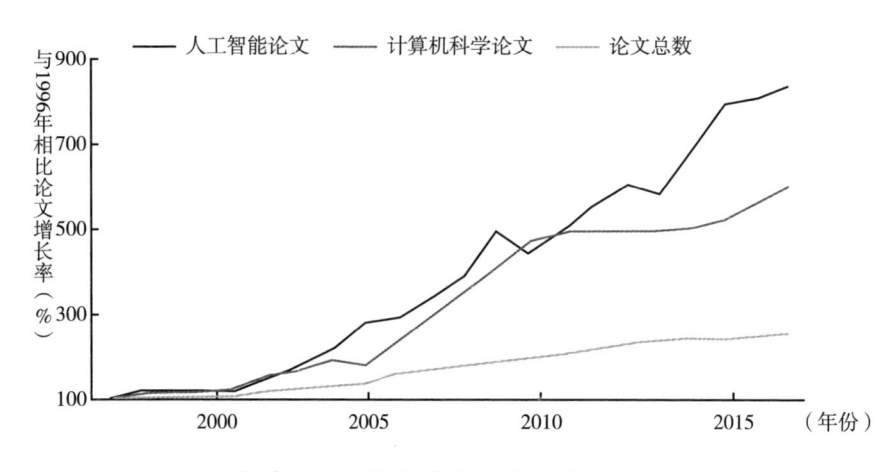

图2 全球人工智能论文增长率（1996～2017年）

资料来源：Scopus。

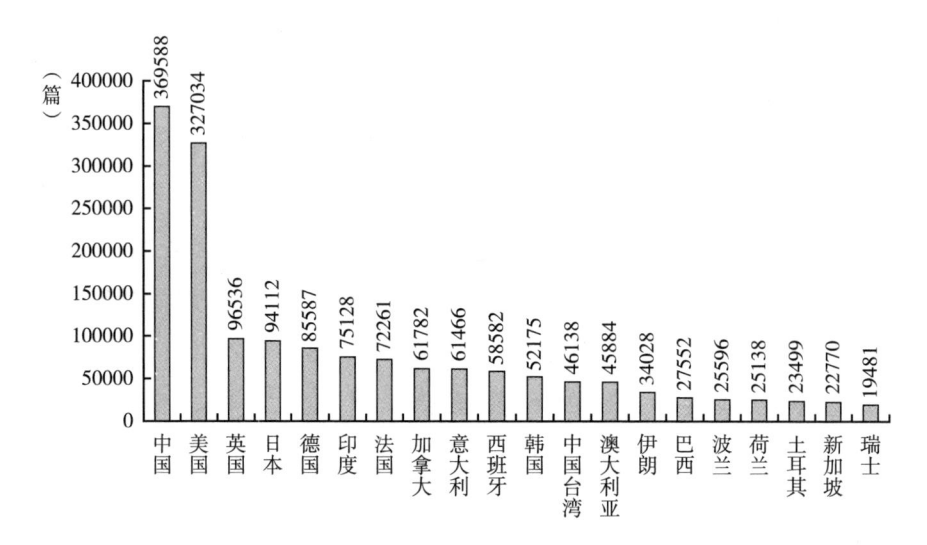

图3 全球人工智能论文产出最多的20个国家和地区（1997～2017年）

中国 369588、美国 327034、英国 96536、日本 94112、德国 85587、印度 75128、法国 72261、加拿大 61782、意大利 61466、西班牙 58582、韩国 52175、中国台湾 46138、澳大利亚 45884、伊朗 34028、巴西 27552、波兰 25596、荷兰 25138、土耳其 23499、新加坡 22770、瑞士 19481

资料来源：清华大学。

2. 世界各国加大人工智能专利布局

近年来，人工智能领域专利申请量总体呈现逐年上升趋势，在2010年后增长速度明显加快，近两年的增长速度更是令人瞩目。依据中国专利保护协会统计数据，1995～2017年，人工智能专利申请量排名前十的国家和地区依次是中国、美国、日本、韩国、欧洲、德国、意大利、中国台湾、加拿大和印度。其中，中国以76876件的人工智能专利数超过美国，位于首位（见图4）。2017年，全球人工智能专利申请量近30000件。从学科分布上来看，自然语言处理以54211件专利排名第一，其次分别是计算机视觉和图像识别、机器学习和基础算法、语音识别、自动驾驶、智能搜索和智能推荐（见图5）。

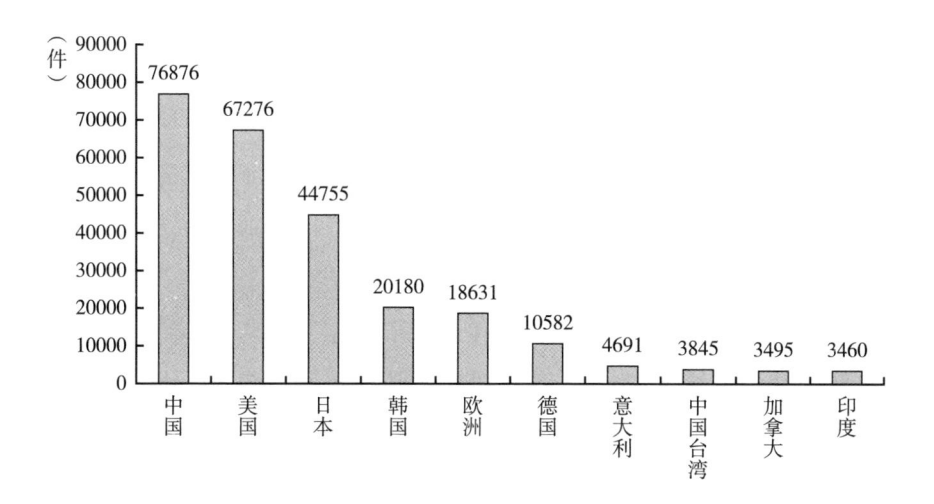

图4 专利申请量排名前十的国家和地区（1995～2017年）

资料来源：中国专利保护协会。

三 三大基础要素继续突破

当前，随着新一代信息技术的加速迭代，人工智能发展所处的信息环境和数据基础发生了深刻的变化，愈加海量化的数据、持续提升的运算力和不断优化的算法，不断夯实人工智能发展基础。

```
       □ 全球范围申请量    ■ 国内申请量
(件)
60000  54211
       ┌──┐
50000  │  │
       │  │       43397
40000  │  │       ┌──┐  40992
       │  │       │  │  ┌──┐
30000  │  │       │  │  │  │
       │  │ ┌──┐  │  │ ┌──┐ 26791
20000  │  │ │  │  │  │ │  │ ┌──┐         22537                18390
       │  │ │  │  │  │ │  │ │  │ ┌──┐    ┌──┐                 ┌──┐ ┌──┐
10000  │  │ │  │  │  │ │  │ │  │ │  │    │  │ ┌──┐            │  │ │  │
       │  │ │  │  │  │ │  │ │  │ │  │    │  │ │  │            │  │ │  │
    0  └──┴─┴──┴──┴──┴─┴──┴─┴──┴─┴──┴────┴──┴─┴──┴────────────┴──┴─┴──┘
       自然语言处理  计算机视觉和图像识别  机器学习和基础算法  语音识别  自动驾驶  智能搜索和智能推荐
```

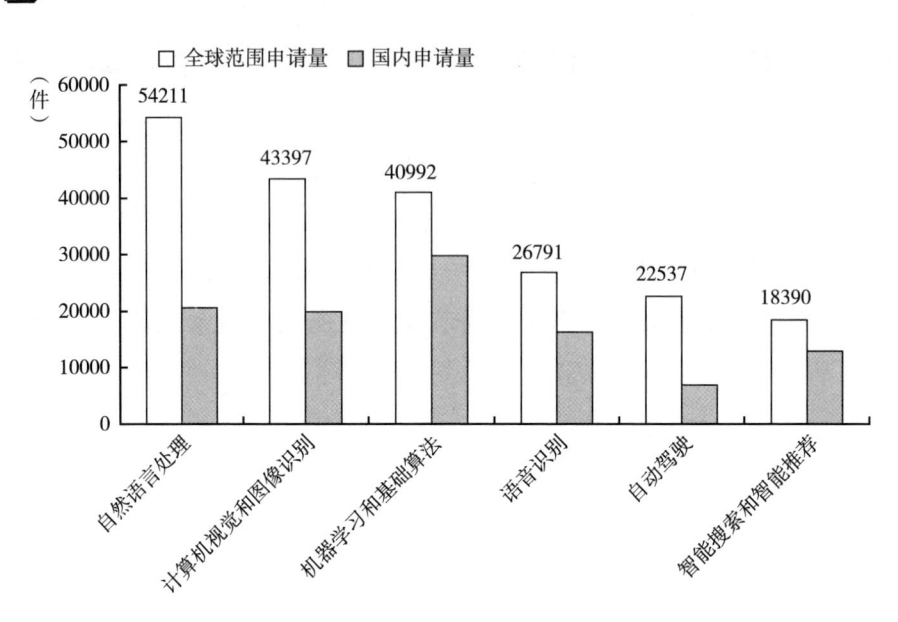

图 5　重点技术分支专利申请量

资料来源：中国专利保护协会。

1. 数据量呈现爆炸式增长

近年来，得益于互联网、移动设备和传感器的发展与应用，全球产生并存储的数据量不断攀升，为人工智能发展提供了良好的数据基础。目前，全球数据总量每年以倍增速度增长，据相关研究机构公开数据，2018年全球数据总量达30万亿GB，根据中国电子学会预测，预计到2020年将达44万亿GB，其中中国产生的数据量将占全球数据总量的近20%。海量数据为人工智能算法提供训练素材，推动人工智能算法提升、技术升级。

2. 运算能力实现大幅提升

数据量的增加，对数据处理技术提出了更高、更快的要求。2018年，作为上游产业的人工智能芯片迎来一轮发展热潮。企业不再仅满足于单纯提供方案，开始向芯片、算法、整体解决方案的路线谋求领先优势。在AI芯片领域，国际芯片巨头占据了大部分市场份额，美国英特尔、英伟达、高通、IBM等国际巨头仍占据领先地位，尤其在GPU和FPGA方面处于垄断地位。我国企业在芯片领域相对实力较为薄弱，但2018年我国的华为、寒武纪科技、深鉴科技等企业也取得不小的进展，阿里、百度等互联网企业相继入局人工智能芯片，商汤科技、云知声、地平线等专注于整体解决方案的企业也加入这个赛道竞争，国内企业在一些细分领域也有所建树。

3. 深度学习算法不断优化

2006年，加拿大多伦多大学教授杰弗里·辛顿提出了深度学习的概念，推动了神经网络算法的发展，提高了机器自学习能力。随着算法模型重要性的进一步凸显，全球科技巨头纷纷加大了在算法方面的布局力度，通过组建实验室、开源算法框架、完善生态体系等方式推动算法模型的优化和创新。目前，深度学习等技术已广泛应用在自然语言处理、语音识别、计算机视觉等领域，并在部分领域取得了突破性进展。

四 行业应用落地加快推进

随着人工智能的快速发展，深度学习将机器学习推向成熟，丰富的场景应用带来了海量数据积累，计算能力的提升促进了频繁的人机互动，新一代人工智能公司不断崛起，人工智能已经越来越贴近现实。2018年，人工智能应用落地持续展开，在应用不断深化的同时，其引发的系列事故也引起业界对人工智能安全性的担忧。

1. 人工智能各场景应用成熟度不一

2018年，人工智能在制造业、教育、金融、医疗、安防等多个领域加速落地，推动众多行业智能化变革，但受限于数据开放程度、技术发展状况、行业需求等因素，人工智能应用落地情况发展不一。在当前的融合应用中，安防是率先实现人工智能落地应用的领域之一，应用成熟度较高。制造、交通紧随其后，智能制造、无人驾驶加速发展，融合空间较为广阔，融合度居中。金融、家居、教育等积极推进人工智能应用落地，但目前应用形式、产品种类仍较为单一，有待进一步突破。

2. 部分领域应用事故引发高度关注

2018 年，自动驾驶、手术机器人等领域相继爆出事故，为人工智能行业应用增添了一丝阴影。3 月，Uber 自动驾驶测试车在美国亚利桑那州坦佩市撞死了一名横穿马路的妇女，成为 2018 年全球首例自动驾驶致死事故。2018 年下半年，苹果、特斯拉等公司旗下的自动驾驶汽车又陆续发生了碰撞事故，为无人驾驶汽车行业带来沉重打击。在机器人应用方面，2018 年 11 月，此前三年震惊全球医疗界的英国首例机器人手术致死案有了最新进展。据报道，该款手术机器人在手术中出现"暴走"，不但把患者心脏缝错了位置，还戳穿了患者大动脉，机械臂几次打到医生的手，最终患者在术后一周去世。在制造业领域，德国大众 2015 年就发生过工业机器人在运营维护中将技术人员压在钢板下致死事件。美国职业安全与健康管理局调查显示，1984 年以来，已经发生了 38 起与机器人相关的事故，导致 27 名工人死亡。人工智能行业应用事故的频发，一方面是源于如自动驾驶等技术处于商业化应用前夕，各项测试集中开展，样本量集中提高了事故概率；另一方面，则是源于对技术的盲目信任导致事故频出。

3. 企业加大 AI ＋垂直应用领域布局

全球科技巨头通过巨大的技术、数据、人才、产品线和资金等资源优势加速人工智能应用。如亚马逊的 Echo 成为全球最为成功的消费级语音交互产品，Open AI 研发的人工智能 Open AI Five 在 Dota2

5V5团战中战胜人类。一些初创企业也通过自身灵活的技术创新能力为行业垂直场景应用带来惊喜。从全球企业结构来看，依据前瞻研究院相关统计数据，全球人工智能企业主要集中于AI+各个垂直应用领域、大数据及数据服务、视觉、智能机器人等领域。在各类垂直应用中，人工智能渗透较多的包括医疗健康、商业、金融、教育和网络安全等领域。占比排名前三位的分别是商业、医疗健康、金融领域，占比分别为11%、9%和5%。

五 产业发展环境持续优化

近年来，世界各国对人工智能高度重视，先后出台了多项政策、措施，抢占战略制高点，人工智能发展的政策环境逐渐优化。

1.美国人工智能政策着力点在于人工智能对国家安全与社会稳定的影响和变革，保持其全球领先地位

作为全球经济、科技强国，美国自2013年起开始发布多项人工智能计划，最早提及人工智能在智慧城市、城市大脑、自动驾驶、教育等领域的应用和愿景。2016年，人工智能进入"动作"高发期，美国白宫发布了两份人工智能重要报告，提出七大战略方向，将人工智能上升至国家战略层面，从政策、技术、资金等方面给予一定支持和保障，为美国人工智能发展制订了宏伟计划和发展蓝图。同年，谷歌、微软、脸书等提出人工智能相关路线规划。2017年秋季，IBM、微软、谷歌、亚马逊、脸书成立人工智能联盟。至此，人工智能在科技巨头之间达成共识。人工智能也成为继云计算之后，未来十年乃至更长时间巨头们赋能、深耕的领域之一。2018年5月，白宫举办了一场人工智能科技峰会，在会上概述了美国人工智能发展的四大目标，包括保持美国在人工智能方面的领导地位、支持美国工人、推动政府资助的研发、消除创新的障碍等，并在会上宣布成立人工智能特

别委员会。

2. 欧洲人工智能发展战略涉及生态建设、数据保护、网络安全、伦理等社会科学多领域

其中，英国的覆盖面最小，聚焦在硬件 CPU、身份识别领域的人工智能技术研发和人才培养。2018 年 4 月，英国政府发布了《产业战略：人工智能领域行动》政策文件，就想法创新、人民生活、数字基础设施、商业创业环境和地区繁荣五个生产力基础领域制定了具体的行动措施。德国人工智能规划与"工业 4.0"战略并行，注重在制造业等领域利用人工智能技术。2018 年 11 月，德国政府提出其酝酿已久的"人工智能德国制造战略"，明确将其人工智能战略聚焦于"弱人工智能"领域，并提出了机器证明和自动推理、基于知识的系统、模式识别与分析、机器人技术、智能多模态人机交互五大突破方向。法国着重利用政府资金拉动行业发展，2018 年 3 月，法国总统马克龙提出了法国未来人工智能发展战略，计划到 2022 年本届任期结束前，投入 15 亿欧元，在生态系统建设、数据开放、监管和金融框架、道德规范等领域加速推进人工智能在法国的发展。

3. 日韩结合自身需求推进人工智能

日本在机器人、脑信息通信、语音翻译、声音识别、创新型网络建设、大数据分析等领域投入了大量的科研力量。在人工智能应用方面，日本主要从两个方面推进：一是机器人的制造与应用，实现日本国内生产自动化、无人配送和大规模物联网，缓解劳动力短缺问题；二是将人工智能应用于医疗健康、护理以及自动驾驶领域，解决日益严重的人口老龄化问题。韩国加紧制定人工智能战略，2018 年 8 月，韩国第四次工业革命委员会举行的第六次会议上审议通过了韩国人工智能研发战略，从人才、技术、基础设施三个方面推进人工智能发展。

4. 中国加速推进人工智能技术攻关与融合发展

2017年，海外人工智能热度传回中国。人工智能首次被写入政府工作报告，2017年6月，国务院印发《新一代人工智能发展规划》，成为中国在人工智能领域的第一个系统部署文件，对中国人工智能发展的总体思路、战略目标和任务、保障措施进行了系统的规划和部署。同年12月，工业和信息化部发布《促进新一代人工智能产业发展三年行动计划（2018~2020年）》，科学技术部、国家发改委、中央网信办、工业和信息化部、中国工程院等多个部门共同成立新一代人工智能发展规划推进办公室。进入2018年，中国加速推进人工智能技术攻关与实体经济深度融合发展，科技部启动了科技创新2030——"新一代人工智能"重大项目申报。工业和信息化部先后启动了人工智能与实体经济深度融合创新项目评选、新一代人工智能产业创新重点任务揭榜等一系列举措，加速推进人工智能落地应用。

5. 人工智能安全、伦理、道德等方面引发广泛关注

进入2018年，世界多个国家与地区开始正视人工智能存在的安全隐患，冷静思考如何合理推动人工智能安全发展和应用。2018年2月20日，牛津大学、剑桥大学、人工智能组织Open AI等14个机构的26位专家联合撰写了《人工智能的恶意使用：预测、预防和缓解》报告，报告中研究了恶意使用AI技术可能带来的安全威胁，并提出了更好地预测、预防和缓和这些威胁的建议。2018年11月，美国国际战略中心（CSIS）发布《人工智能与国家安全，AI生态系统的重要性》报告，提出了人工智能生态系统的组成要素以及促进人工智能成功融入国家安全应用的关键步骤。2018年12月18日，欧盟委员会任命的欧盟人工智能高级专家小组发布《可信人工智能伦理道德指南（草案）》，提出了人工智能可能带来的数据泄露、偏见以及应用风险，提出了构建可信人工智能的具体要求。政策措施的不

断完善，为全球人工智能健康、有序发展奠定了良好基础，也为人工智能行业应用提供了安全保障。

六 未来人工智能将实现纵深发展新跨越

随着技术突破持续推进，人工智能未来将继续向纵深发展，成为全球经济增长的助推器，带动全球经济增长。深度学习和人工智能芯片仍将成为技术突破的关键，人工智能行业应用广度、深度将不断扩展，加速人工智能落地。此外，随着人工智能发展的持续推进，人工智能安全相关问题愈加得到业界关注，建立可信人工智能或将成为行业未来发展的重要考量。

1. 人工智能成为全球经济增长的助推器

从全球经济发展来看，每一轮的技术突破都将有力拉动经济增长。随着人工智能技术突破持续推进，智能自动化将能够跨越行业和岗位，并具备自主学习能力，驱动人力无法完成的复杂工作自动化。人工智能将有效弥补人类能力缺陷，提升劳动力和资本效率，同时刺激创新。未来人工智能将不仅是传统生产力的增强剂，更将成为一种全新的生产要素，带动全球经济增长。根据Sage预测数据，到2030年，人工智能将为全球GDP带来14%的提升，即15.7万亿美元的增长。埃森哲数据显示，到2035年，人工智能将作为一种新的生产要素，激励全球经济增长。其中，人工智能对中国经济增长的影响显著，将带动中国年增长率提升1.6个百分点（见图6）。

随着人工智能技术突破，受企业级应用市场推动，未来人工智能产业规模将持续扩大，并带动相关产业增长。依据Statista及普华永道统计数据综合测算，预计2025年，全球人工智能市场规模将达369亿美元，年均复合增速达57%，带动相关产业规模达56300亿美元（见图7）。

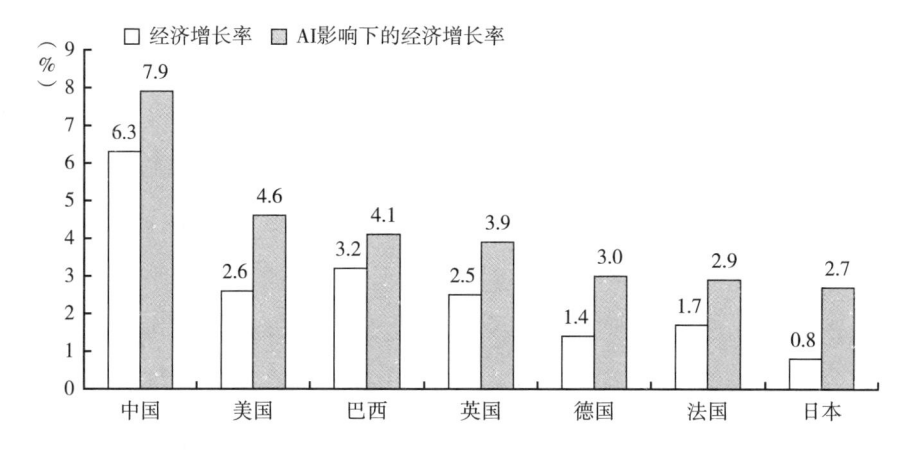

图6 人工智能对经济的拉动效应

资料来源：埃森哲。

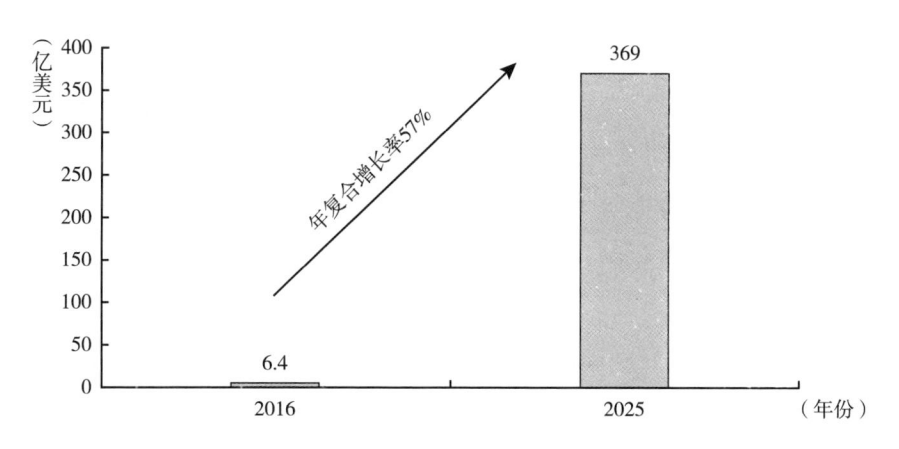

图7 全球人工智能产业规模预测

资料来源：Statista。

2. 深度学习和AI芯片仍将是技术突破的关键

随着全球对人工智能领域的热情高涨，人工智能核心基础技术的突破仍将是各科研机构与高科技公司的布局重点和必争高地。深度学习作为人工智能领域核心关键技术，得到各国的高度关注，优质的算法研究可以有效提高信息识别、处理、学习过程中的准确性，为人工智能技术落地产品提供先决条件。新型算法的研究和对传统算法的改善将成为未来发展的主要方向。探索深度学习理论，能够激发更多应用场景，并应用到其他类型的深度神经网络和深度神经网络设计中。依据普华永道相关预测，未来将可能出现一种被称为"胶囊网络"的新型深度神经网络架构，能够用与大脑相似的方式处理视觉信息，可以识别特征之间的逻辑和层次结构关系。与传统卷积神经网络相比，这种"胶囊网络"不需要大量的训练样本数据，并能保证较高准确性，将在未来多个问题领域和深度神经网络架构中得到应用。

此外，针对人工智能最终商业化应用，AI 芯片仍是底层至关重要的技术之一，未来将继续朝着提高运算能力、减少运算时间、降低运算功耗等方向发展。目前，GPU 作为深度学习训练的首要人工智能芯片之一，英伟达推出的通用并行计算架构 CUDA 为 GPU 提供了解决复杂计算的能力，但未来随着算法层面的提升，更加适用于新型算法的 AI 芯片将成为硬件技术层的竞争关键。此外，底层技术自主研发代替购买将能够有效降低产品成本，提升企业竞争力，随着未来企业打造一体化解决方案，底层关键软硬件的自主研发将成为趋势。

3. 人工智能行业应用广度和深度将不断扩展

基于技术及产业趋于成熟，人工智能行业应用也将取得更加明显的进展和突破。由于具备稳定的技术条件和基础，人工智能落地传统行业仍然是未来的主要趋势，人工智能将在一定程度上改变传统行业的运营格局，为工业和生活提供更加便利、高效、低成本的服务。

技术成熟度不同，行业应用发展情况也将有所差别。总体来看，语音识别作为人工智能领域中发展最为迅速的技术之一，已经相对成熟，针对一些技术要求偏低的行业应用，如智能客服、语音助手、医疗语音记录等，未来主要用于产品准确性要求；针对技术要求偏高的应用，如语义理解分析以及反馈等，未来随着算法框架的完善，将需要更多时间落地。在图像处理与计算机视觉技术方面，人脸识别技术已在安防领域得到应用，但在精确度要求较高的金融领域，应用仍处在发展阶段，未来随着技术的充分成熟，高要求行业应用也将逐渐落地。此外，医疗图像诊断、自动驾驶等图像类应用除了技术层面要求外，还要面对决策问题，大大影响了行业落地情况，对于此类技术，未来行业政策的制定将决定行业应用的发展进程。

4.建立可信人工智能将成为行业发展的重要考量

当前，人类对人工智能应用安全的担忧很大程度上来源于技术的不确定性，机器学习算法可以在不同应用场合中感知、思考和行动，然而，其中很多算法被认为是"黑匣子"，人们对于它们如何计算出结果几乎一无所知，相应地，对于算法出现偏差、人工智能应用出现故障的缘由也较难解释。可解释、可信且透明的人工智能对于建立技术信任、安全应用至关重要。可以看到，当前已经有不少国家和地区开展了可信人工智能的研究，未来，在人工智能大规模应用之前，建立可解释的人工智能将很可能成为企业推动人工智能应用的基本要求，政府机构也可能将其作为未来的一项法规要求予以明确。

参考文献

中国电子学会：《新一代人工智能发展白皮书（2017）》，2018年2月23日。

清华大学：《中国人工智能发展报告2018》，2018年7月13日。

华夏幸福：《2018中国人工智能产业创新评估白皮书》，2019年1月12日。

北京市经济和信息化委员会：《北京人工智能产业发展白皮书（2018年）》，2018年7月2日。

德勤：《中国人工智能产业白皮书》，2018年11月11日。

中国专利保护协会：《人工智能技术专利深度分析报告》，2018年11月16日。

斯坦福大学：《2018 AI指数年度报告》，2018年12月。

前瞻研究院：《2018年全球人工智能企业分析　AI＋企业占据半壁江山》，2018年9月。

B.2 中国人工智能迈入融合发展新阶段

张 瑶*

摘 要： 近年来，中国人工智能砥砺奋进，发生了翻天覆地的变化。技术上，通过多年积累，我国人工智能技术水平不断提高，相关论文和专利数量已全球领先，部分应用技术快速发展，在国际赛事中多次拔得头筹。产业上，科技巨头全面布局，大批初创企业快速发展，人工智能产业规模、企业数量、资本市场均呈现爆发式增长，我国人工智能在国际舞台上发挥着越来越重要的作用。总体来说，我国人工智能加速与实体经济融合，落地场景不断丰富，融合深度持续加强，逐渐成为实体经济转型升级的新动能，我国人工智能迈入融合发展新阶段。

关键词： 人工智能 融合发展 新阶段

一 产业实力迅速扩张，国际竞争力不断凸显

从产业规模来看，自2016年开始，中国人工智能市场规模逐年

---

* 张瑶，经济学硕士，主要跟踪国内外人工智能、虚拟现实等多个领域企业、战略规划和产业的发展动向，在人工智能、虚拟现实领域具有丰富的研究经验。

攀升，呈现高速增长态势。据国家工业信息安全发展研究中心测算，截至2018年，我国人工智能的核心产业规模超过344亿元，带动相关产业规模超过4334亿元（见图1）。

图1 中国人工智能产业规模

资料来源：国家工业信息安全发展研究中心整理。

从企业数量来看，我国人工智能企业数量自2016年起进入爆发期。根据亿欧智库统计，97%的中国人工智能企业成立于2000年后，另有27家企业成立于2000年以前，多为软件信息服务类、工业制造类企业。2012年，互联网服务、安防和机器人等领域创业企业逐渐增多。2014年，中国正式迎来人工智能创业热潮。2015~2016年，围绕机器人、大健康、金融、安防以及行业解决方案等，人工智能创业热度冲顶（见图2）。

从产业生态来看，我国人工智能领域发展迅猛，基本形成了从基础支撑、核心技术到上层应用的完整产业链条。百度、阿里、腾讯、科大讯飞、海尔等企业围绕自身主业构建产业生态，云知声、商汤科技、寒武纪等中小企业围绕语音、图像和芯片等细分领域深耕并快速发展。国家工业信息安全发展研究中心调研发现，在人工智能基础层、技术层和应用层开展布局的企业占调研企业总数的比例分别为

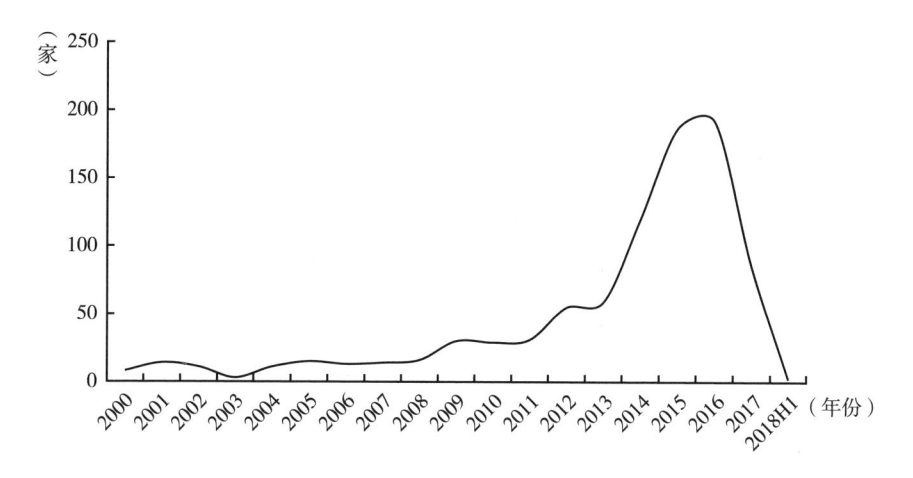

图2 中国人工智能企业情况

资料来源：亿欧智库，国家工业信息安全发展研究中心整理。

42.3%、39.8%和75.4%。同时围绕人工智能产业发展的相关标准以及可能带来的法律法规、伦理道德、安全、人才培养及引进等问题也正在加紧研究和积极适应。

在人工智能领域国际赛事中，我国人工智能团队表现出超强的实力，国际竞争力凸显。科大讯飞在多项赛事中夺得桂冠并刷新世界纪录，旷视科技在机器视觉上超越国际上人工智能实力较强的谷歌、IBM、微软、脸书等企业团队，夺得国际机器视觉大赛三项第一（见表1）。

表1 中国团队在国际赛事获奖情况

团队	赛事	时间	成绩
科大讯飞	国际语音合成大赛	2017年7月	科大讯飞AI研究院、语音及语言信息处理国家工程实验室包揽本次赛事核心指标的冠亚军
	全球肺结节测试	2017年8月	科大讯飞以94.1%的准确率刷新全球肺结节测试的世界纪录

续表

团队	赛事	时间	成绩
科大讯飞	国际机器阅读理解大赛	2017年10月	科大讯飞超越Google、IBM、微软、脸书，在SQUIG的国际机器阅读理解大赛上获得冠军
	国际自动驾驶评测集Cityscapes	2017年11月	科大讯飞获得平均81.4%的精度，取得了该项评测的第一名，并刷新世界纪录
旷视科技	国际机器视觉大赛	2017年10月	在COCO和Places竞赛中参加了4项比赛，并拿下了三项第一、一项第二
大华股份	ICDARRobustReading	2017年10月	刷新自然场景随手拍任务的全球最好成绩，以87.19%的准确率取得了自然场景随手拍文本检测排行榜第一名
清华张钹院士领导的人工智能创新团队TSAIL	IEEE CIG计算智能与游戏大会的第一人称射击类游戏《毁灭战士》(Doom) AI竞赛VizDoom	2018年8月	获得竞赛Track 1的预赛和决赛冠军
旷视科技	ECCV 2018的COCO + Mapillary挑战赛	2018年9月	力压微软、谷歌等中外群雄，揽获4冠
百度视觉团队	Google AI Open Images-Object Detection Track 目标检测任务	2018年9月	斩获第一
搜狗	IWSLT（International Workshop on Spoken Language Translation）国际顶级口语机器翻译评测大赛	2018年10月	夺冠
百度NLP团队	NIPS举办的AI假肢挑战赛	2018年11月	全球第一

资料来源：国家工业信息安全发展研究中心整理。

二 中央地方频频发力，联合推动行业落地发展

我国人工智能产业、技术快速发展，离不开国家政策支持。我国从中央政府到各级地方政府，自上而下政策紧锣密鼓，大力推动人工智能产业发展，对人工智能发展做出全方位的指导和规范。

国家领导人在诸多会议上指出，目前是我国抓住新一轮工业革命机遇的重要时期，互联网、人工智能、数字经济是本轮工业革命发展的重中之重，我国应充分发挥国家优势推动产业发展，促进人工智能与实体经济深度融合，加速技术落地，做好充足准备积极应对新技术带来的挑战。2018年10月31日，中央政治局就人工智能发展现状和趋势举行了第9次集体学习，会上习总书记做出重要讲话。习总书记认为，人工智能是引领这一轮科技革命和产业变革的战略性技术，具有溢出带动性很强的"头雁"效应；加快发展新一代人工智能是我们赢得全球科技竞争主动权的重要战略抓手，是推动我国科技跨越发展、产业优化升级、生产力整体跃升的重要战略资源。习总书记在学习时就提出了"AI+"战略的雏形，指出要促进人工智能同一、二、三产业深度融合，以人工智能技术推动各产业变革，在中高端消费、创新引领、绿色低碳、共享经济、现代供应链、人力资本服务等领域培育新增长点、形成新动能。

从国家部委层面来看，自国务院规划文件正式印发之后，科技部启动重大项目，成立研究中心，建设国家级开放平台，并于2018年10月正式发布重大项目申报指南并明确给出经费补助安排；工信部印发《促进新一代人工智能产业发展三年行动计划（2018~2020）》，并通过项目遴选推动人工智能与实体经济深度融合；教育部则先后启动高校人工智能创新行动计划并成立专家组推动国内人工智能人才培养。

从地方政府层面来看,已有包括北京、上海、广东、江苏、安徽、浙江等近30个省份发布人工智能规划,并且各地在规划发布之后通过举办人工智能大会、成立地方产业联盟、与知名高校及企业组建联合实验室等多种形式引进人才与项目,并积极推动人工智能技术在安防、教育、医疗、公检法、智慧城市等众多领域落地。浙江省出台《浙江省新一代人工智能发展规划》,全力争取到2022年,浙江在人工智能多方面取得重要进展,其中包括人工智能基础前沿理论、核心技术、支撑平台、创新应用和产业发展等方面,争取到2030年,全面形成较为完备的核心技术、产业发展、推广应用的创新创业生态体系;上海市政府提出要积极把握人工智能的演进发展规律,集聚全球相关要素资源,实施"智能上海(AI@SH)"行动;北京围绕中关村打造人工智能创新高地,创新企业不断涌现,2018年2月,北京前沿国际人工智能研究院正式成立,吸引国际人才落户北京,将技术成果应用到各产业,企业孵化推动市场化;苏州市工业园区加快人工智能布局;武汉东湖高新区大力发展光谷人工智能产业,推进人才建设和提高企业竞争力(见表2)。

表2 地方政策及规划

主体	文件/政策	时间	内容
苏州市	《苏州工业园区人工智能产业发展行动计划(2017~2020)》	2017年3月	加快发展以大数据和云计算为支撑的人工智能相关产业,推进人工智能在智能制造、软硬件终端和服务业等领域的应用,打造国内外知名的人工智能发展高地
浙江省	人工智能人才专项政策	2017年7月	计划用五年时间集聚50名国际顶尖的人工智能人才、500名科技创业人才、1000名高端研发人才、10000名工程技术人才、10万名技术人才

续表

主体	文件/政策	时间	内容
浙江省	《浙江省新一代人工智能发展规划》	2017年12月	力争到2022年,浙江在人工智能基础前沿理论、核心技术、支撑平台、创新应用和产业发展等方面取得重要进展,力争到2030年,形成较为完备的核心技术、产业发展、推广应用的创新创业生态体系
安徽省	关于《安徽省人工智能产业发展规划（2017~2025年）》的征求意见稿	2017年8月	为全面指导安徽省人工智能产业发展,制定了该发展规划,并向社会公开征求意见
江西省	《关于加快推进人工智能和智能制造发展的若干措施》	2017年10月	明确"十三五"期间重点打造10个人工智能和智能制造产业基地,支持打造南昌世界级VR中心、鹰潭全国物联网产业基地,由省级财政对每个产业基地安排1000万元用于公共平台建设
上海市	《关于本市推动新一代人工智能发展的实施意见》	2017年11月	2020年实现人工智能重点产业规模超过1000亿元,将打造人工智能创新带、人工智能特色小镇、人工智能产业园等
北京市	《北京市关于加快推进自动驾驶车辆道路测试有关工作的指导意见(试行)》《北京市自动驾驶车辆道路测试管理实施细则(试行)》	2017年12月	国内首个自动驾驶法规,对自动驾驶汽车做出明确定义,规范无人驾驶汽车上路行驶规则
辽宁省	《辽宁省新一代人工智能发展规划》	2018年1月	到2020年,人工智能技术和应用在部分领域达到国内领先水平,人工智能核心产业规模超过60亿元,带动相关产业规模超过400亿元

续表

主体	文件/政策	时间	内容
天津市	《天津市人工智能科技创新专项行动计划》	2018年1月	到2020年,研制一批重大基础软硬件产品,攻破100项关键共性技术及"杀手锏"产品,3~5个关键领域进入国家布局。领军企业和行业品牌进一步做大做强,打造人工智能"国际化"品牌企业5家,引进和培育一批与人工智能相关的领军企业。把天津初步打造成中国人工智能创新中心、人工智能产业集群新高地、国家人工智能创新应用城市
黑龙江省	《黑龙江省人工智能产业三年专项行动计划（2018~2022）》	2018年2月	培育10个以上人工智能创新团队,建设3~5个人工智能创新平台。力争到2020年,全省人工智能产业规模达50亿元
四川省	《四川省新一代人工智能发展实施方案（2018~2022）》	2018年3月	力争到2020年,培育30家国内有影响力的人工智能企业,形成人工智能核心产业规模超1000亿元,带动相关产业规模5000亿元以上,促进四川省人工智能产业进入全国先进行列
福建省	《关于推动新一代人工智能加快发展的实施意见》	2018年3月	到2020年,培育50家以上国内有影响力的人工智能"双高"企业,带动相关产业规模超过1000亿元
广东省	《广东省新一代人工智能发展规划（2018~2030年）（征求意见稿）》	2018年3月	到2020年,广东人工智能产业规模、技术创新能力和应用示范均处于国内领先水平,部分领域关键核心技术取得重大突破,一批具有地域特色的开放创新平台成为行业标杆,人工智能成为助推广东产业创新发展的重要引擎,形成广东经济新的增长点

续表

主体	文件/政策	时间	内容
重庆市	《重庆市自动驾驶道路测试管理实施细则(试行)》	2018年3月	优化汽车产业创新发展环境,推动自动驾驶技术发展,规范装配有自动驾驶系统的机动车辆上公共道路行驶开展自动驾驶相关科研、定型试验,有效控制自动驾驶道路测试潜在风险,保障道路交通安全
长沙市	《长沙市智能网联汽车道路测试管理实施细则(试行)》《关于加快新一代人工智能产业发展推动国家智能制造中心建设的若干政策》	2018年4月	将着力引进新一代人工智能产业关键、紧缺技术人才团队,推进新一代人工智能产业招大引强,引导新一代人工智能创新创业和产业集聚,在长沙高新区、雨花经开区、岳麓山国家大学科技城打造3个人工智能产业集聚园区
长春市	《长春市智能网联汽车道路测试管理办法(试行)》	2018年4月	全力推进长春市打造世界级汽车生产、研发基地,加快推动智能网联汽车技术创新发展及应用,科学指导智能网联汽车开展道路测试工作
广西壮族自治区	《广西壮族自治区人民政府关于贯彻落实新一代人工智能发展规划的实施意见》	2018年4月	到2020年,产业规模超过30亿元,带动相关产业规模达200亿元。到2025年,产业规模超过80亿元,带动相关产业规模达1000亿元。到2030年,产业规模超过250亿元,带动相关产业规模达2000亿元
天津市	《天津市关于加快推进智能科技产业发展若干政策》	2018年5月	抢抓智能科技产业发展的重大战略机遇,加强政策引导和扶持,聚焦智能终端产品、传统产业智能化改造、智能化应用等智能科技重点领域,加大对互联网、云计算、大数据等"软产业"的支持力度,壮大智能科技产业,抢占发展制高点,推动天津实现高质量发展

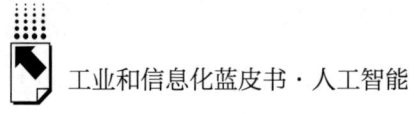

续表

主体	文件/政策	时间	内容
江苏省	《江苏省新一代人工智能产业发展实施意见》	2018年5月	到2020年,人工智能产业技术创新显著,新产品新服务不断涌现,产业规模和总体竞争力处于国内第一方阵,成为全国人工智能产业创新发展的引领区和应用示范的先行区
安徽省	《安徽省新一代人工智能产业发展规划(2018~2030年)》	2018年5月	到2020年,产业规模超过150亿元,带动相关产业规模达1000亿元。到2025年,产业规模达500亿元,带动相关产业规模达4500亿元。到2030年,产业规模达1500亿元,带动相关产业规模达1万亿元
沈阳市	《沈阳市新一代人工智能发展规划(2018~2030年)》	2018年5月	到2020年,产业产值达30亿元,相关产业产值达200亿元。到2025年,产业产值达90亿元,相关产业产值达1000亿元。到2030年,产业产值达200亿元,相关产业产值达到2000亿元
广州市	《广州市关于智能网联汽车道路测试有关工作的指导意见(征求意见稿)》	2018年6月	广州市智能网联汽车开放道路测试工作,遵循"鼓励创新、保障安全、先行先试、分级分类"的基本原则,充分发挥政府的引导作用,积极推进相关标准规范制定工作,在保障公共安全的前提下,科学有序地组织开展智能网联汽车测试工作。智能网联汽车实行分级别、分类别测试,支持智能网联汽车相关配套技术研发与创新,加快智能网联汽车商业化应用进程,建设智慧、绿色、安全的城市交通系统

续表

主体	文件/政策	时间	内容
广东省	《广东省新一代人工智能发展规划》	2018年7月	第一步，到2020年，广东人工智能产业规模、技术创新能力和应用示范均处于国内领先水平，人工智能成为助推广东产业创新发展的重要引擎，形成广东经济新的增长点。第二步，到2025年，广东人工智能基础理论取得重大突破，部分技术与应用研究达到世界先进水平，开放创新平台成为引领人工智能发展的标杆。第三步，到2030年，人工智能基础层、技术层和应用层实现全链条重大突破
天津市	《天津市智能网联汽车道路测试管理办法（试行）》	2018年7月	加快推进天津市智能网联汽车产业的快速发展和应用，引导智能网联汽车从研发测试向示范应用和商业化推广转变，为天津市智能科技产业快速发展提供基础

资料来源：国家工业信息安全发展研究中心整理。

从各省份出台的政策内容看，除了支持关键技术研发以及平台建设之外，重点推动的就是人工智能同传统产业的融合。北京重点支持人工智能在农业、物流、制造、金融、商务等领域应用示范，提升传统产业的智能化水平，同时将人工智能技术引入民生领域，更好地满足医疗、养老、教育等需求。上海市重点推动智能感知、数据分析、人机互动等技术在高端装备、集成电路、生物医药、汽车领域的应用，同时推动人工智能为金融商贸、交通物流、教育医疗、健康养老等领域赋能，提高相关领域的服务附加值。广东省则重点推动人工智能用于制造、政府、物流、教育、家居等领域。安徽重点从汽车、物流、家居、旅游、农业等多个领域入手，开展人工智能应用发展试点示范。

三 融合应用不断深化，成为经济发展新动能

随着人工智能技术水平不断提升和产业发展环境持续优化，我国人工智能已在安防、物流、教育、医疗、制造等实体经济多个领域渗透发展，智能家居、自动驾驶等新业态新模式不断涌现。

1. 我国人工智能已在实体经济多个领域渗透发展，部分领域已取得一定成效

得益于我国图像识别、语音识别和自然语言处理技术的迅速发展，人工智能已在信息化程度高、数据资源丰富的领域率先落地。国家工业信息安全发展研究中心调研发现，我国在制造、安防、交通、医疗、物流、教育、健康养老、农业、客服、金融、商务、法院等场景均有企业积极布局应用人工智能，其中安防、物流、交通等场景已经初见成效。在安防领域，腾讯优图在无限制条件下人脸验证测试成绩为99.80%，刷新世界纪录，并将此技术运用于福建省公安厅搭建的"牵挂你"防走失平台，在报失人口匹配和锁定方面取得了良好的效果。在物流领域，无论是阿里、京东还是苏宁，均实现了入库、存储、包装、分拣的全流程、全系统的智能化、无人化，可减少50%~70%的人工成本，小件商品拣选效率超过人工5倍，挑选准确率超过99.9%。在交通领域，2018年9月，百度表示将接管北京海淀区的所有红绿灯，监控实时路况并动态调整红绿灯时长，据测算，此举将减少30%~40%的拥堵等待时间。

2. 智能家居、智能工厂、无人商店和自动驾驶等新业态新模式应运而生

近年来，智能家居迅猛发展，我国智能家居市场规模位居全球第四，海尔、小米、京东、科大讯飞相继推出了涵盖家电、窗帘、灯光、新风、供暖、安防、家政服务等整套智能化家居解决方案。人工

智能是智能制造的核心驱动力,据行业研究公司 Trend Force 数据,2018 年全球智能制造及智能工厂相关市场规模达 2500 亿美元。我国海尔、富士康和红领等企业已经开始进行智能工厂的实践。海尔位于郑州的智能工厂实现生产无人化,17 个管理维护人员年产洗衣机 2200 万台;富士康的部分生产车间实现了黑灯化无人生产;红领完成了用户直接向工厂下单的智能化服装生产流程。根据艾媒咨询数据,预计至 2022 年市场交易额将超 1.8 万亿元。宝马、沃尔沃、特斯拉在中国推出了 L3 级①的无人辅助驾驶汽车,百度、北汽、长安、蔚来等国内公司已经在美国取得了无人驾驶路试牌照,展开了数据积累和算法论证的无人车项目。

3. 人工智能与实体经济两端共同发力,积极拥抱融合发展

一方面,科技企业积极寻求应用场景落地发展,另一方面,传统行业企业积极应对转型升级需求和庞大人口的巨大个性化服务需求,拉动人工智能与实体经济进一步融合发展。美的集团、伊利集团、长安汽车、长江电力、北京同仁医院、北京卫星制造厂、上海飞机制造有限公司、晶科能源等传统行业企业积极探索与人工智能技术结合的发展路径,部分企业已经成为行业应用排头兵,利用人工智能提质增效,并将优秀案例、解决方案加以推广,带动行业转型升级。例如,深圳市华星光电将计算机视觉、深度学习等关键技术导入面板生产线,实现具备自学习能力、无间断、高精准的智能生产新模式,预计可替代 70% 的检测站点人力,节省人力成本 20 万元/年。

四 发展环境积极利好,产业发展氛围浓厚

2018 年,我国人工智能的发展环境进一步优化,科研成果不断

---

① 自动驾驶汽车视智能化、自动化程度分为无自动化(L0)、驾驶支援(L1)、部分自动化(L2)、有条件自动化(L3)、高度自动化(L4)、完全自动化(L5)6 个等级。

丰富，人才引进及培养措施愈加完善，投融资金额持续走高，已逐步形成良性的发展环境，为我国人工智能健康发展奠定了基础。

1. 人工智能投融资规模持续增大，行业投资前景广阔

近年来，我国人工智能产业高速增长，投融资规模迅速扩大。图3表明了2014～2018年我国人工智能产业投融资规模及增长率，可以看出，据国家工业信息安全发展研究中心数据，2014年我国人工智能产业投融资规模约为90.8亿元人民币，2016年起投融资总金额快速增长，达238.8亿元人民币，同比增长76.3%，到2018年已增长至796.9亿元人民币，同比增长87.38%。图4表明了2014～2018年我国人工智能产业投融资事件数及增长率，可以看出，2014年仅79起投融资事件，2016年起投融资事件数据加速增长，仅2016年就有201起投融资事件。2018年，在一级市场号称出现"钱荒""寒冬"的时候，世界范围内人工智能领域的投融资事件增速有所放缓，但投融资单笔金额持续走高。

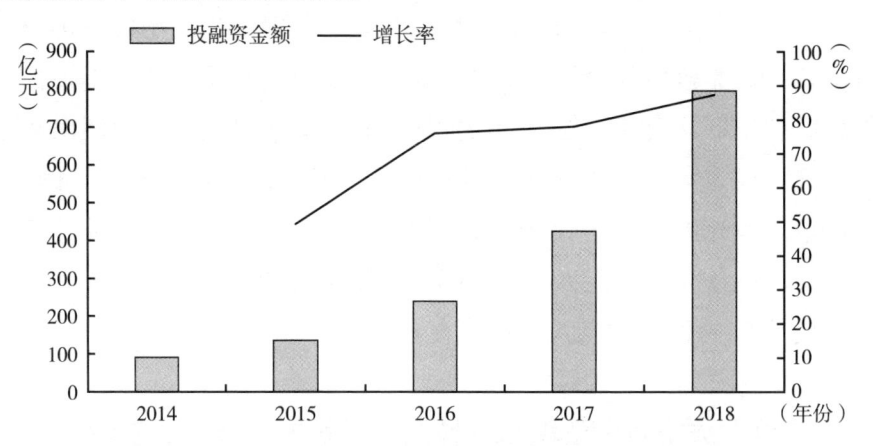

图3 2014～2018年人工智能投融资总金额及增长率

资料来源：国家工业信息安全发展研究中心。

2. 专利论文数量全球领先，顶级实验室纷纷落地

专利申请和论文发表数量是衡量人工智能领域发展水平的重要指

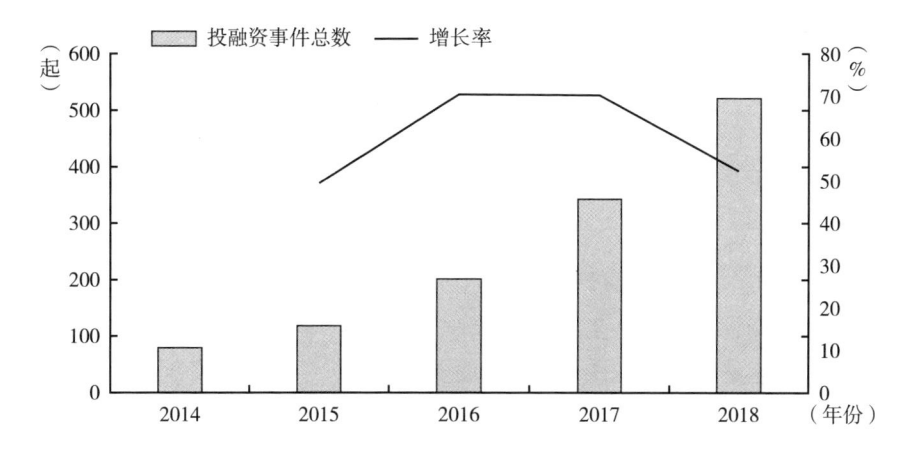

图 4　2014~2018 年人工智能投融资事件数及增长率

资料来源：国家工业信息安全发展研究中心。

标。从论文数量上看，据中国专利保护协会数据，近 20 年来，中国（含港澳）在人工智能领域的论文产出取得了长足的发展，从 1997 年的 1000 余篇快速增长至 2017 的 37000 多篇，该领域论文的全球占比也从 1997 年的 4.26% 增长至 2017 年的 27.68%（见图 5）。专利申请方面，我国在人工智能专利发展方面已经获得了长足的进步，在过去几年中超越美国，体现出较大潜力。中国专利保护协会相关数据显示，在 DWPI 数据库中，世界各个国家/地区人工智能领域专利申请量前十位的依次为中国、美国、日本、韩国、欧洲、德国、澳大利亚、中国台湾、加拿大和印度。中国在人工智能领域的专利申请数量已经超过了美国，达 76876 件，列于首位。美国以 67276 件的申请量略低于中国，日本位列第三。

3. 高校加速学科体系建设，龙头企业积极培育人才队伍

政府层面积极加强人工智能人才培养体系建设。就国内而言除了政策鼓励创新创业之外，以高校教育为抓手的人才培养体系也在不断完善（见图 6），教育部 2018 年 4 月印发《高等学校人工智能创新行动计划》，8 月成立人工智能科技创新专家组。2018 年以来，南开大

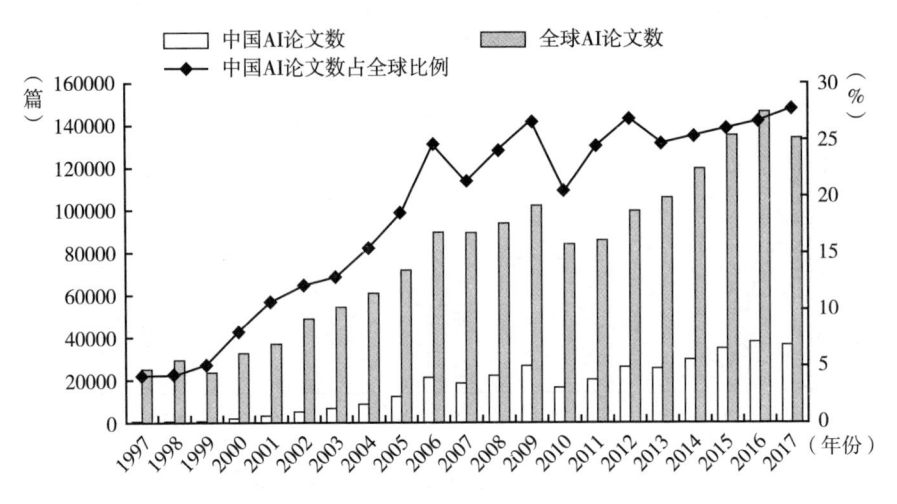

图5 中国人工智能相关论文发表情况

资料来源：《人工智能技术专利深度分析报告》，中国专利保护协会。

学、南京大学、天津大学、吉林大学等众多院校单独开设了人工智能学院。同时，互联网时代的科技巨头对于人才资源一直处于饥渴状态，国内 BAT 等互联网龙头企业均纷纷在全球范围内多地建立新的人工智能研究中心，积极"走出去"吸引海外人才，扩张研发团队规模（见表3）。

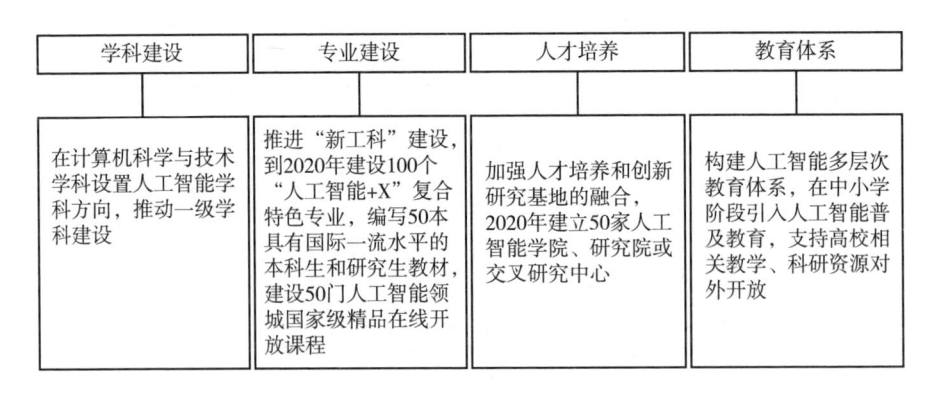

学科建设	专业建设	人才培养	教育体系
在计算机科学与技术学科设置人工智能学科方向，推动一级学科建设	推进"新工科"建设，到2020年建设100个"人工智能+X"复合特色专业，编写50本具有国际一流水平的本科生和研究生教材，建设50门人工智能领域国家级精品在线开放课程	加强人才培养和创新研究基地的融合，2020年建立50家人工智能学院、研究院或交叉研究中心	构建人工智能多层次教育体系，在中小学阶段引入人工智能普及教育，支持高校相关教学、科研资源对外开放

图6 国内教育部高校 AI 创新人才培养计划

资料来源：教育部，国家工业信息安全发展研究中心整理。

表3 互联网企业积极扩张研发团队规模

公司	时间	事件
阿里	2017/10/11	成立全球研究院——达摩院,计划三年内投资1000亿元人民币
	2018/3/1	与新加坡南洋理工大学正式成立联合研究机构,专注于包括医疗健康、智能家居和智慧城市等领域
	2018/3/28	与深圳大学启动粤港澳大湾区数据智能人才培养战略合作,主要面向云计算、大数据、人工智能等方向
	2018/4/3	与清华大学共同成立自然交互体验联合实验室,探索"下一代人机自然交互"
	2018/4/21	联合清华、浙大、中科院自动化所等发布"藏经阁"(知识引擎)研究计划,攻坚AI推理
	2018/9/4	携手新加坡南洋理工大学、新加坡经济发展局启动博士生培养计划,阿里将开放AI应用场景及数据,达摩院科学家也将作为博士生导师授课
	2018/10/25	达摩院智能计算实验室联合清华大学,围绕认知计算方向成立专业委员会
百度	2017/6/7	度秘事业部成立美国硅谷研发团队,加速AI落地,负责人曾是Google Assistant研发团队的核心成员
	2018/1/8	设立Apollo全球实验室,积聚全球自动驾驶人才,推动全球自动驾驶技术快速发展
腾讯	2017/4/30	在西雅图建立人工智能研究中心,由俞栋领导
	2018/8/20	与上海交通大学签署战略合作协议,依托腾讯领先的技术产品优势和上海交大雄厚的学科实力,在科研合作、人才培养和数字校园等领域开展深入合作
华为	2018/10/12	面向开发者、合作伙伴、高校和科研机构发布沃土AI开发者使能计划,其中包括面向高校和科研机构投入10亿元使能AI人才培养

资料来源:东方证券,国家工业信息安全发展研究中心整理。

参考文献

亿欧智库：《2018中国人工智能投资市场研究报告》，2018。

天风证券：《中美AI布局全面看》，2018。

平安证券：《"互联网"战略将升级至"AI"，国内人工智能再遇风口》，2018。

德勤：《中国人工智能产业白皮书》，2018。

易观：《未来已来　人工智能应用加速落地》，2018。

产业篇
Industrial Reports

B.3
全球人工智能呈现特色化发展新格局

张 瑶 王 淼*

摘　要： 随着全球人工智能技术及其应用迎来新一轮的发展机遇，各国政府对人工智能日益重视，纷纷展开产业布局，以资金、政策等方式支持行业和企业发展，抢占行业制高点。全球人工智能产业已形成较为完整的生态系统，我国人工智能产业正处于快速发展阶段，完善的产业链条逐步形成，就产业链来看，基础层、技术层、应用层均竞争激烈，科技巨头、初创企业纷纷发力，积极抢占赛道。目前，我国已经成为世界人工

---

* 张瑶，经济学硕士，主要跟踪国内外人工智能、虚拟现实等多个领域企业、战略规划和产业的发展动向，在人工智能、虚拟现实领域具有丰富的研究经验；王淼，国家工业信息安全发展研究中心工程师，博士，研究方向为人工智能产业发展和投资、新兴产业。

智能发展的重要推动力，从地域上看，基于地方政府的前瞻性布局和已有产业基础，我国人工智能产业呈现梯队式发展的良好态势。

关键词： 产业格局　产业链　区域　人工智能

一　全球主要国家人工智能战略布局各有侧重

人工智能正处于发展的第三次"黄金时期"，人工智能相关研究正如火如荼地进行。而此次人工智能的深入发展必将引领未来科技潮流，深刻改变世界面貌，对人类文明和世界格局产生深远影响。为了在激烈的国际竞争中抢占人工智能发展的制高点，中国、美国、英国、德国、法国、日本和韩国等全球主要国家纷纷出台政策，扶持本国人工智能产业发展。

1. 中国应用层发展迅猛，基础层相对薄弱

党的十八大以来，人工智能相关产业发展逐渐上升为国家战略。在顶层设计上，国家在移动互联网、大数据、超级计算、传感网、脑科学、无人驾驶、智能机器人等软硬件领域综合布局，全面发展，战略分工明确，以求弯道超车。但目前中国人工智能产业仍侧重于技术应用，在基础研发、关键核心技术等方面与美国等国家相比相对薄弱。此外，中国在人工智能产业发展中的伦理道德风险研究和行业准则制定等方面还有待提升。

2. 美国产业发展体系齐全，基础研发水平领先

美国从政府到企业都极为重视人工智能所带来的机遇，在人工智能发展方面具有明显优势，互联网巨头集团式发展，推动软硬件系统协同演进，人工智能全面布局。一方面，美国政府战略层面高度重视，

通过加大政策支持、推动国会立法和加大研发投入等多项措施，不断巩固世界范围内的人工智能领先地位。特朗普上任以来，美国政府更是从国家战略层面加紧布局，发布多项人工智能发展规划，重点布局互联网、芯片与操作系统等计算机软硬件以及金融、军事、能源等领域，大力扶持技术研发机构和各类实验室，为人工智能发展提供政策、法律、资金和人才等多方面保障，力图保持人工智能时代"领头羊"地位。同时，美国政府时刻关注人工智能可能伴随的相关风险并加以保障。另一方面，美国资本与政策共同发力，巨头企业形成集团式发展。美国人工智能产业的蓬勃发展不仅得益于政府的支持，还与发达完善的风投和资本体系紧密相关。从人工智能领域的融资规模来看，美国在全球占主导地位，所占比重超过60%。美国硅谷是目前人工智能发展的前沿阵地，聚集了上下游全产业链企业，业务包括人工智能芯片研发、芯片规模制造和人工智能应用产品开发。在硅谷，以谷歌、微软、亚马逊、脸书和IBM五大巨头为代表的企业自发地形成人工智能伙伴关系，通力合作推动了人工智能的研究和普及。这种新型的巨头集团式发展模式成为人工智能时代的特点之一，能保证技术方案的效益最大化。此外，美国积极推动软硬件系统协同演进，全面开发了人机协作的智能系统。在软件方面，提升人工智能系统的数据挖掘能力和感知能力，同时推动系统革新，包括可扩展、通用的人工智能系统研发；在硬件方面，优化用于人工智能算法和软件系统的硬件运算能力，并改进硬件体系架构，同时推动开发了更为高效可靠的智能机器人。

3. 英国科研能力雄厚，成果转化率高

一直以来，英国是人工智能研究的重要学术重镇。英国拥有以牛津大学、剑桥大学、帝国理工学院、伦敦大学和爱丁堡大学为代表的高等学府以及以阿兰·图灵研究所为代表的众多智能研究机构，在人工智能领域拥有深厚的积累，其创新型成果不断在全球范围内得到推广应用。在人才培养上，英国注重依托国内众多院校和科研机构发挥本土优势，而中国和法国等则采取了本土培养+国际引进相结合的方式，注重吸引国际人才流入。此外，英国人工智能成果的商业化和产业化率高，孕育出大量优秀的人工智能初创企业。来自伦敦大学的初创公司Deep Mind开发出享誉全球的AlphaGo；2013年，亚马逊以2600万美元的价格收购英国语音识别创业公司True Knowledge；2014年，Google收购了Dark Blue Labs和Vision Factory两家在深度学习方面有着竞争优势的公司。此外，英国还有许多科技孵化机构，助力早期的人工智能初创企业，或者提供退出途径，完善的人工智能生态链条，有力地促进人工智能产学研各环节的良性互动。牛津的Isis Innovations和剑桥的Cambridge Enterprise就是两家较为著名的技术转让公司，它们的主要业务就是帮助大学里的创新技术项目商业化，从而使学校或者个人获得经济回报。

4. 德国以智能制造为牵引，发力人工智能产业

德国人工智能的发展呈现"政府引领、市场跟进"、政府与市场良性互动的特点。德国政府在工业机器人发展的初期阶段发挥了重要作用。例如在20世纪70年代中后期，德国政府为推行"改善劳动条件计划"，强制规定部分有危险、有毒和有害的工作岗位必须用机器人来代替人工，为机器人的应用开拓了初始市场。从此，市场需求引导工业机器人向智能化、轻量化、灵活化和高能效化的方向深入发展。在行业分布上，德国的人工智能产业发展以智能机器人为重点，推行以"智能机器人"为核心的"工业4.0"计划，并大力发展自动驾驶汽车。联邦经济部的"工业4.0自动化计划"的15个项目中涉及机器人项目的有6个。另外，2015年9月德国内阁通过了联邦交通部提交的"自动与互联汽车"国家战略，通过公共补贴项目，支持更高水平的自动驾驶大规模研发，引领汽车产业革命，以维持德国在汽车行业的领先地位。在地域分布上，柏林作为德国首都和科技类创业基地，容纳了德国将近54%的人工智能企业，把慕尼黑、汉堡以及法兰克福等城市甩在身后，成为德国人工智能产业的发展中心。

5. 法国工程能力较强，政府占主导地位

与中美两国软硬件同时发力不同，人口数量相对更少并且移动设备普及度一般的法国在数据上处于天然弱势，这就使法国在深度学习这类依赖数据的算法端很难赢得优势。但法国有着雄厚的产业基础，这使法国在硬件能力上取得不错的成绩。素有"欧洲硅谷"之称的法国格勒诺布尔，聚集了大量半导体和微电子企业，孵化出了一系列信息技术、嵌入式电子等产业链相关企业。此外，法国自20世纪70年代成立欧洲最大科技园——索菲亚科技园，园区内的企业也向法国提供了足够的工程化基础。凭借着坚实的工程基础，法国在3D打印、机器人和无人机等方面拥有不小的优势。通过法国的"十五亿欧元计划"，可以看出法国人工智能产业的发展主要依靠政府投资。2018年3月29日，法国总统马克龙宣布一项雄心勃勃的计划，准备到2022年本届任期结束前，投入15亿欧元，加速推进人工智能在法国的发展。其计划要点包括：在法国创建一个国际级的研发中心，完善数据领域政策，培养法国在人工智能领域的人才，并对技术革新的伦理和规制问题进行反思等。

6. 日本聚焦机器人领域，应对老龄化趋势

日本的产业强项在汽车、机器人和医疗等领域，其人工智能研发也重点聚焦于这些领域，并以老龄化社会健康及护理等对人工智能机器人的市场需求，以及超智能社会5.0建设等为主要拉动力，突出以硬件带软件、以创新社会需求带产业等特点，针对性强，效果明显。在产业推进方式上，与中国类似，日本人工智能产业通过政府引导与市场化运作相结合的方式，重视产学研联动发展，以政府下属研究机构牵头开展研发活动，通过向民间企业和大学提供补贴，以及民间企业出资参与等方式，共同推进人工智能产业研究。

7. 韩国产业结构单一，依赖龙头企业

2016年是韩国的"人工智能元年"，同年3月，韩国棋手李世石惨败于AlphaGo，极大地刺激韩国政府出台相关政策，同时也帮助韩

国本土的人工智能产业培育消费者市场。2018年8月，韩国《中央日报》网站报道称，在韩国第四次工业革命委员会举行的第六次会议上，会议审议通过了人工智能研发战略。韩国人工智能研发战略分为三个要点：人才、技术和基础设施。为此，韩国计划在2022年之前新增设六所人工智能研究生院。政府的目标是培养出1370名人工智能高级人才。同时，韩国政府还制订了培养350名高级研究人员的计划。据信息通信技术振兴院预测，到2020年，韩国人工智能硕士和博士级人力缺口将达4500人。但受限于人口体量，韩国人工智能产业的发展很大程度依赖于三星和LG这类全球性企业，国内本土缺乏相应生态链上的中小企业。

二 我国人工智能形成三大梯队特色发展区域格局

随着科技巨头纷纷布局人工智能，以及大量创业企业的不断涌入，我国人工智能企业数量快速增长。据国家工业信息安全发展研究中心不完全统计，截至2018年底，我国人工智能企业超过2500家，其中北京、广东、上海、浙江、江苏五个省市人工智能企业和科研院所数量均超过百家，分别为996家、304家、289家、256家、122家。从地域上来看，基于地方政府的前瞻性布局和已有产业基础，我国人工智能产业呈现三个梯队并行发展的良好态势。

北京、广东、上海、浙江、江苏等第一梯队地区产业发展势头良好，已初步形成完整的产业生态格局。第一梯队地区信息产业基础良好，人才体系健全，科研实力雄厚，产业政策全面，已形成良好的企业孵化环境和产业生态环境。这些地区主要呈现人工智能企业数量多、创新创业企业大量涌现、行业分布广泛、技术较为领先等特点，已初步形成覆盖全产业链、协同发展良好的人工智能产业集群。调研显示，仅北京已有300多家人工智能核心技术企业和500多家人工智能创新应用企业，以及100多家高校和科研院所。广东人工智能企业超300家，广州、深圳两地作为广东人工智能的主要集聚地备受关注。上海人工智能企业数量达289家，相关产业规模达700亿元，形成了较为成熟的产业技术和商业模式。浙江人工智能相关企业超250家，其中上市公司50余家。江苏人工智能企业数量达122家，覆盖平台、系统、软硬件等产业链多个环节。

山东、湖北、湖南、重庆等第二梯队地区依托当地产业基础，在推动人工智能技术与传统产业融合发展方面具有一定优势。此类地区主要包括山东、湖北、福建、湖南、重庆、四川、安徽、江西、黑龙江、辽宁、天津、河北、山西、贵州、陕西。第二梯队地区虽有一定的人工智能产业发展基础，但由于地方政府重视程度不足，或是地方政府虽已着手推动产业发展，但因缺乏技术基础和区位优势不明显导致与第一梯队相比存在一定差距，产业发展成果并不明显。第二梯队地区呈现科研机构少、龙头企业少、产业集聚度低、技术发展相对缓慢等特点，但当地拥有制造、物流、农业等传统产业基础，人工智能技术与当地优势产业融合发展优势明显，市场前景广阔。辽宁拥有东软、新松机器人、沈阳机床厂、中科院沈阳自动化所等优秀人工智能技术、应用企业和科研院所。安徽拥有科大讯飞、华米科技、中科大等骨干企业和高校，并建成了中国声谷产业园，但产业聚集程度仍有待提高。湖北作为重要的工业和农业大省，具有较为广阔的人工智能应用市场。

河南、吉林、内蒙古、广西、海南等第三梯队地区产业发展基础薄弱，产业发展推进困难。此类地区包括河南、吉林、内蒙古、广西、海南、云南、西藏、甘肃、青海、宁夏、新疆。第三梯队信息产业发展相对落后，优势产业并不突出，且缺乏良好的产业发展环境。在人工智能产业发展所需的数据、技术、人才、资金等领域基础薄弱，人工智能与传统产业融合程度相对较低，人工智能技术基础和应用市场有待进一步加快推进。

三 人工智能产业链虽已形成但技术落地仍在探索

目前，全球人工智能产业已形成较为完整的生态系统，我国人工智能产业链条正逐步形成。通过梳理从研发到应用所涉及的产业链各个环节，以人工智能当前的核心产业为基础，结合目前常见的技术和应用场景，依据产业链上下游关系，可以将人工智能产业链分为三层，分别是基础层、技术层、应用层，每层可划分为既相对独立又相互依存的若干种技术、产品或服务（见图1），基础层、技术层、应用层三者形成一个完整的产业链，并相互促进。

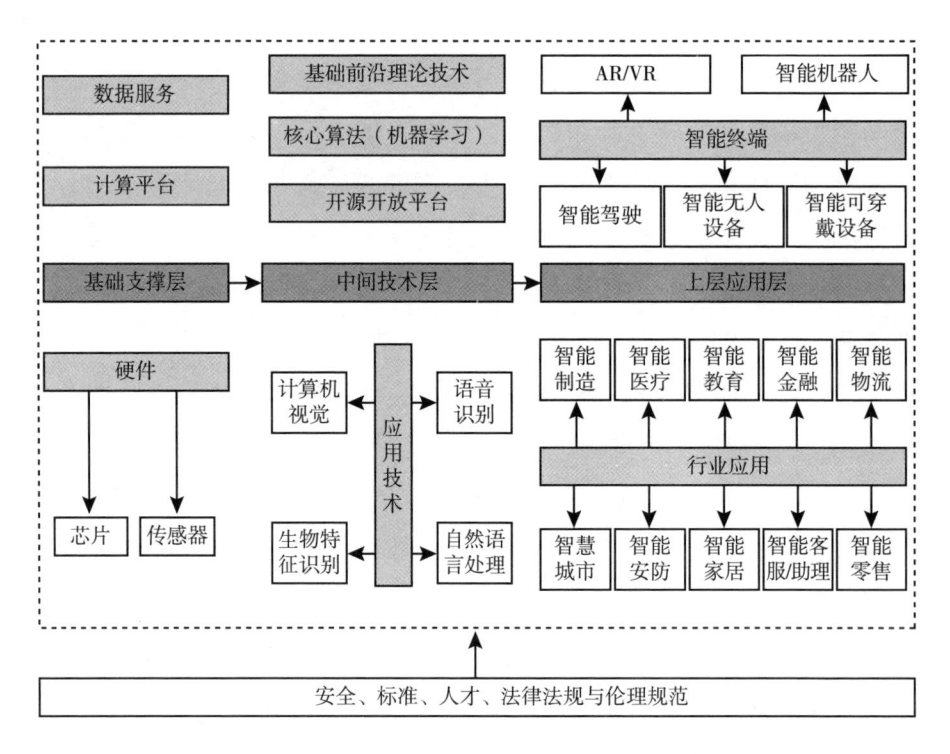

图1 人工智能产业链

资料来源：国家工业信息安全发展研究中心。

人工智能产业链基础层主要包括智能传感器、智能芯片、数据处理和数据存储服务、云计算等计算平台。其中，智能传感器和智能芯片属于基础硬件，数据处理、数据存储、云计算属于基础软件。智能芯片是人工智能的核心硬件基础，为模型的训练和推理提供算力。智能传感器属于人工智能的神经末梢，是用于感知外界环境的核心元件。数据是人工智能发展的基石，要实现人工智能技术的商业化，需要使用大量结构化的数据对模型进行训练。云计算主要为人工智能开发和提供云端计算资源和服务，以分布式网络为基础，提高计算效率。

人工智能技术层主要依托运算平台和数据资源进行海量识别训练和机器学习建模，开发面向不同领域的应用技术。人工智能的基础技术包括机器学习算法和开源开放平台等。应用技术包括计算机视觉、语音识别、生物特征识别、自然语言处理等，得益于基础技术取得的突破，目前应用技术发展迅速。计算机视觉是指用计算机来模拟人的视觉系统，实现人的视觉功能，以适应、理解外界环境和控制自身运动。语音识别技术能够使智能设备具有和人类一样听到和识别声音的能力，可以将人类表述的语言自动转换为计算机能理解和操作的结构化语义，从而完成实时的人机交互功能。生物识别技术通过计算机、光学、声学、生物传感器和生物统计学原理，利用人体固有的指纹、虹膜等生理特性，以及声音、步态等行为特征来进行个人身份的鉴定。自然语言处理技术主要研究在人与人及人与计算机交流中的语言问题，大体包括自然语言理解和自然语言生成两个部分。

人工智能应用层是技术使用者，包含人工智能技术在虚拟现实和增强型现实设备、智能机器人、无人驾驶设备、可穿戴设备等终端上的应用和在具体行业中的应用，覆盖了多个领域，包括制造、金融、教育、安防、家居、医疗、物流、交通、零售、客服等多个场景。在安防领域，人工智能技术已经得到了深入应用，在家庭场所，以及政府、学校、银行、机场、海关等公共场所实现人员识别、监控和追踪，可以有效帮助警方破案，防范犯罪分子。在制造领域，人工智能能够帮助完成工艺流程的优化、推动智能产品开发、实现产品质量检测、提供精准化营销和售后服务等。在医疗领域，人工智能在语音电子病历、新药研制、辅助诊疗、癌症检测等方面的应用都取得了突破性进展。

此外，人工智能产业的健康发展需要有孵化其发展的环境作为支撑，包括安全、法律、伦理、标准、人才等。人工智能作为一项新兴技术，在发展的过程中可能带来相应的安全问题和社会问题，这就要求我们重视风险评估和防控，积极开展安全、法律、伦理等方面的前瞻性研究。随着人工智能相关产品和服务的不断丰富，标准化程度不足的问题逐渐显现，目前世界范围内的标准化工作仍在起步当中，亟待建立完善的标准体系。人工智能作为知识密集型产业，顶尖人才将是产业发展的重要因素，因此人才的培养和集聚也已成为许多国家的战略重点。

就产业链来看，基础层、技术层、应用层均竞争激烈，国内外科技巨头、初创企业纷纷发力，在产业链不同环节积极布局，抢占人工智能发展先机。

1. 基础层国外巨头实力雄厚，我国企业逐步发力

人工智能基础层主要包括芯片、传感器、数据服务、计算平台等多项基础设施，为人工智能产业奠定硬件铺设、算法、数据获取等基础。目前中国在芯片和传感器等基础硬件上相对薄弱，芯片领域仍然是 AMD、Intel、英伟达等国际巨头领跑，但我国企业已经开始发力，阿里、百度、华为等巨头已先后开始布局芯片领域，初创企业融资热度不减；数据服务方面，全球数据迎来爆发式增长，由于我国具有人口众多、数据量大、数据标注成本低等特点，在数据领域具有一定的先天优势，数据服务企业层出不穷；在云计算领域，我国阿里、腾讯、华为等企业也已有布局。人工智能产业链基础层各领域的含义、市场规模、竞争格局、国内外代表企业情况见表1。

表1 人工智能产业链基础层布局情况

基础设施	内涵	市场规模	竞争格局	国外代表企业	国内代表企业
芯片	人工智能的核心硬件基础，为模型的训练和推理提供算力	2018年全球市场规模60亿美元（Gartner）	GPU：国外技术领先、竞争激烈，市场份额集中在Intel、AMD、英伟达等；专用芯片：国内市场占有率不断提升，有望发力实现弯道超车	Intel、AMD、英伟达、Google、Xilinx	寒武纪科技、地平线机器人、中星微电子
传感器	人工智能的神经末梢，用于感知外界环境	预计2020年全球达54亿美元（《新一代人工智能发展白皮书（2017）》）	智能传感器市场主要由国外厂商占据，集中度相对较高	索尼、三星	高德红外、华润半导体、韦尔股份、禾赛科技
数据	人工智能发展的基石。实现人工智能技术商业化，须使用大量结构化的数据对模型进行训练	2018年中国大数据市场产值突破6000亿元（中商产业研究院）	目前主要的三类数据供应渠道：学校和科技平台的免费数据库；平台服务提供商提供服务；企业自行采集	IBM、微软、ImageNet、亚马逊	海天瑞声、龙猫数据、百度
云计算	主要为人工智能开发提供云端计算资源和服务，以分布式网络为基础，提高计算效率	2020年市场规模将达1366亿元（智研咨询）	独角兽聚集，集中度逐渐提高	亚马逊、微软	阿里、腾讯、华为

资料来源：国家工业信息安全发展研究中心整理。

2. 技术层计算机视觉和语音识别发展最快，但落地领域仍然有限

随着人工智能核心算法——深度学习算法的突破，在谷歌、脸书、微软等国际巨头搭建的开源开放平台的助推下，人工智能迎来一波发展浪潮，我国百度、阿里、腾讯、科大讯飞等企业也纷纷布局开放平台；应用型技术方面，多数人工智能技术公司以某一个或多个应用技术细分领域为切入点，深耕技术实力。目前，得益于深度学习算法的突破、数据量的爆发和算力的提升，计算机视觉与语音识别技术迅速发展，从全球来看，我国在这些领域相对具有领先优势。人工智能应用技术的含义、市场规模、主要应用场景、竞争格局、国内外代表企业等见表2。

表2 人工智能产业链技术层应用技术基本情况

技术	内涵	市场规模	应用场景	竞争格局	国外代表企业	国内代表企业
计算机视觉	用计算机来模拟人的视觉系统，实现人的视觉功能，以适应、理解外界环境和控制自身运动	中国市场120亿元人民币（智研咨询、恒大研究院）	智能家居；语音视觉交互；AR、VR；电商搜图购物；标签分类检索；美颜特效；智能安防；直播监管；视频平台营销；三维分析	安防厂商、互联网巨头和创业公司为主要竞争者	Orbital Insight、斑马医学	海康威视、百度、商汤科技、旷视科技、云从科技、依图科技

续表

技术	内涵	市场规模	应用场景	竞争格局	国外代表企业	国内代表企业
语音识别	使计算机具有和人类一样听到和识别声音的能力,能够将人类表述的语言自动转换为计算机能理解和操作的结构化语义,从而完成实时的人机交互功能	中国市场105.7亿元人民币（中商产业研究院）	智能电视;智能车载;电话呼叫中心;语音助手;智能移动终端;智能家电	科技巨头Nuance、科大讯飞等与产品商苹果、百度等垄断市场	Nuance、苹果、谷歌、微软	科大讯飞、思必驰、百度、阿里、云知声
生物特征识别	通过计算机、光学、声学、生物传感器和生物统计学原理,利用人体固有的指纹、虹膜等生理特性,以及声音、步态等行为特征来进行个人身份的鉴定	预计到2020年全球市场将突破250亿美元（国际生物识别集团）	智能家居;可穿戴设备;智能手机	国外市场集中度也不断提升,国内多家企业看好这一领域	VisionLabs;AuthenTec	SpeakIn、旷视科技、汉王科技

续表

技术	内涵	市场规模	应用场景	竞争格局	国外代表企业	国内代表企业
自然语言处理	研究在人与人及人与计算机交流中的语言问题，大体包括自然语言理解和自然语言生成两个部分	2017年市场规模达49.77亿元（中国人工智能发展报告2018）	搜索引擎；机器翻译；语音助手；智能音箱	尚未诞生覆盖所有细分领域、占据市场多数份额的龙头企业，市场上仍存在入局机会	谷歌、亚马逊、苹果	科大讯飞、出门问问、今日头条、百度、思必驰

资料来源：国家工业信息安全发展研究中心整理。

计算机视觉自2012年引入深度学习后，其识别准确率得到了大幅提升，进入了爆发式增长阶段，目前逐步进入稳定增长期。这一阶段，国外互联网巨头对初创企业的并购案例频发，崭露头角后快速成长的创业企业通常最终被苹果、英特尔、脸书、谷歌和亚马逊等美国互联网巨头收购，而我国计算机视觉市场份额主要被商汤、依图、旷视、云从瓜分，据IDC发布的数据，2017年四家的市场份额总和高达69.4%。

语音识别在全球市场上，Nuance、谷歌、苹果、微软等企业占据了大半市场份额，而我国的科大讯飞也已在国际舞台上崭露头角，据中商产业研究院数据，科大讯飞2017年在全球智能语音市场上市场份额占4.5%，排名第五。同时，语音交互具有方便、快捷的特点，被认为能在多个应用场景给用户带来体验优化，将成为未来用户获取各种服务的入口。语音识别和自然语言处理的准确率在引入深度学习后得到了快速提升，达到了商用化水平，催生了智能音箱和智能语音助手等产品，国内外企业纷纷在语音领域展开布局（见表3）。

表3　国内外巨头企业智能语音行业布局

企业	布局
谷歌	推出 Google Assitant 语音助手、Google Home 智能音箱，收购 Limes Audio
IBM	推出 Watson Assistant，面向企业级应用
微软	推出微软小冰、Cortana 智能音箱，与亚马逊、小米、微博、微信等合作
脸书	增加语音搜索功能、针对语音识别技术进行软件和硬件开发
英特尔	与科大讯飞宣布合作共同研发人工智能芯片，集成语音识别功能
亚马逊	推出语音助手 Alexa、Echo 智能音箱，与其他企业展开合作
苹果	推出 Siri、智能音箱 HomePod
三星	推出智能助手 Bixby、智能音箱 Galaxy Home，收购 Viv、哈曼国际，投资 Sound Hound
Nuance	推出 Dragon TV、车载语音平台 Dragon Drive
腾讯	推出语音助手腾讯叮当、智能语音解决方案"小微"
阿里	推出智能音箱天猫精灵、语音助手 AliGenie
百度	推出渡鸦音箱、带屏智能音箱百度在家、小度音箱

资料来源：国家工业信息安全发展研究中心整理。

但是，我们必须认识到，面向实际复杂场景的算法表现与人相比仍有差距，目前落地领域依然相对有限。计算机视觉、语音识别等算法在特定数据集的表现结果逐渐接近甚至超出一般人类水平，可以使语音输入转写、安防人脸识别、刷脸支付等应用逐渐成为日常。但由于真实场景的语音识别还存在口音、噪声、远场、语速等问题，图像识别同样会遇到光线强弱、遮挡等多种复杂因素干扰，实验室算法结果与实际场景效果之间无法画等号，例如2018年第五届ChiME国际多通道语音分离和识别大赛，主要测试各方算法在高噪声和混响等现象影响下的实际场景效果，最终连续两届包揽冠军的科大讯飞团队词错率依然有46%左右。算法的自适应能力与人类相比依然存在较大的差距，因而目前只能在特定领域落地。

同时，算法对自然语言及图像内容的理解方面仍有不足。此前语音识别、合成以及图像识别在部分指标上已经达到甚至超过一般人类水平，但是对于图像内容以及人类语言的理解在技术层面成熟度依然较低，其中自然语言理解更是被称为"人工智能皇冠上的明珠"。在2018年初的SQuAD机器阅读理解评测中，包括科大讯飞、阿里、微软等团队在准确率指标上都超过人类水平，但在整体性能指标上与人类相比仍有差距，在SemEval 2018国际语义评测比赛中，科大讯飞机器阅读理解评测任务夺冠，但准确率也只有84.13%。换言之，即便算法系统执行机器阅读理解任务的过程中在某些指标上超越人类，但并不代表"完全"打败人类，阅读理解复杂程度远超想象，当前技术水平还很难做到深层推理和归纳。

3. 应用层场景逐渐丰富，竞争激烈格局未定

得益于图像识别、语音识别、自然语言处理等技术的快速发展，人工智能已应用于智能机器人、AR、VR、智能无人设备、智能可穿戴设备等终端，并在制造、医疗、教育、金融、物流、交通、安防、家居、客服、零售等多个场景得到应用，渗透到生产、生活领域的各个环节，成为传统行业转型升级的新动能，并催生出无人驾驶、无人零售、智能家居等新业态、新模式。人工智能在各行业的应用时间不长，科技巨头、初创企业、传统行业企业均瞄准广阔的市场空间积极布局，当前许多场景的市场竞争格局尚未定型，竞争激烈。各类智能终端和各类应用场景下人工智能应用的内涵、市场规模、竞争格局、国内外代表企业见表4。

全球人工智能呈现特色化发展新格局

表4 人工智能产业链应用层基本情况

智能终端/场景	内涵	市场规模	竞争格局	国外代表企业	国内代表企业
AR/VR	利用电脑模拟产生虚拟世界,向使用者提供关于视觉、听觉、触觉等感官的模拟,让其有如同身临其境	2018年我国VR市场规模261亿元(前瞻产业研究院、申万宏源证券)	国外巨头实力雄厚,软硬件一起发力,国内厂商更擅长软件领域	Oculus、微软、HTC、高通	小米、联想
智能机器人	具有智能感知、智能认知、人机交互等功能的各类机器装置	2018年机器人本体和系统集成市场已超过1200亿元(《2018年中国机器人产业分析报告》)	工业机器人:国内外巨头是国外企业占据较高市场份额;服务机器人:科沃斯、iRobot等聚焦不同细分领域;特种机器人:开始出现成规模的企业	工业机器人:发那科、库卡、ABB、安川电机;服务机器人:iRobot、Intuitive surgical;特种机器人:波士顿动力	工业机器人:新松、云南昆船、北京机科;服务机器人:科沃斯
智能无人设备	在任务平面上无人驾驶,有动力,可重复使用并可携带任务载荷完成指定任务的设备	2018年国内无人机市场规模超180亿元(速途研究院);2018年全球无人驾驶汽车产业规模约48亿美元(前瞻产业研究院)	无人机:大疆创新占据着全球消费级无人机市场七成以上的份额;无人车:参与者较多,包括科技公司、车企、出行公司等	无人机:Parrot、3DR;无人车:宝马、通用、谷歌	无人机:大疆;无人车:百度、小马智行

051

续表

智能终端/场景	内涵	市场规模	竞争格局	国外代表企业	国内代表企业
智能可穿戴设备	有软件支持以及数据交互、云端交互等功能的硬件便携式设备	2017年可穿戴设备市场产值超260亿元人民币（智研咨询）	国内外市场集中度均比较高	Fitbit、苹果、Garmin、三星	小米、华为、步步高、搜狗、奇虎360
制造	人工智能已应用到生产和服务的各个环节，如完成工艺流程的优化，推动智能产品开发，实现产品质量检测，提供精准化营销和售后服务等	2018年我国智能制造产业规模超过1.5万亿元（华泰证券研究所）	市场格局尚未形成，工业企业加快数字化工厂建设及设备更换。互联网巨头提供相关云服务平台	GE、西门子、谷歌、亚马逊	腾讯、康力优蓝、阿里
医疗	在语音电子病历、新药研制、辅助诊疗、癌症检测等方面进行应用。利于解决医疗资源不足、区域分布不均等医疗痛点	2018年中国医疗人工智能市场规模达200亿元（前瞻产业研究院）	市场竞争激烈，公司较多。大部分公司寻求单领域突破，医学影像辅助诊断和在线智能问诊为主要突破口	谷歌、IBM、Enlitic	阿里、腾讯、科大讯飞、百度
教育	在作业批改、辅助教学、自动化辅导等方面赋能，提高辅导质量并注重学生个性化辅导	2017年我国智慧教育市场规模超过4542亿元（前瞻产业研究院）	市场竞争激烈，多数公司目前仍处于通过补贴来提升赋能能力的阶段，市场格局未定	Volley、Newsela	猿题库、作业帮、科大讯飞

续表

智能终端/场景	内涵	市场规模	竞争格局	国外代表企业	国内代表企业
金融	人工智能用于智能客服、智能投顾、量化交易、身份认证等，增强传统服务的智能性，替代了部分简易劳动力	2018年人工智能在金融领域市场资本开支规模将达166亿元（中国产业信息网）	传统金融公司和互联网机构纷纷入局进行竞争，用户金融数据领域竞争激烈	摩根大通、花旗银行	招商银行、蚂蚁金服、京东金融
物流	人工智能替代简单重复劳动，辅助人工，优化业务流程和管理流程	到2025年，我国智慧物流领域的规模将超过万亿元（德勤）	四类企业参与竞争：电商、传统物流企业、设备制造商、初创公司	亚马逊、UPS、联邦快递	菜鸟网络、京东物流、满帮集团、顺丰、海康威视
交通	通过城市数据采集和人工智能处理，建立人、车、路、环境协调运行的新一代综合交通运行协调体系，实现城市交通系统的整体运行效率提高	2017我国智慧交通市场规模1167亿元（智研咨询）	市场的集中度较低，还没有处于绝对市场份额领先的企业	思科、高通、Cubic	阿里、腾讯、滴滴、高德
安防	在家庭场所及政府、学校、银行、机场、海关等公共场所实现人员识别、监控和追踪，可以有效帮助警方破案，防范犯罪分子	2017年中国安防产业产值达4500亿元，到2020年产业总产值将达8000亿元（前瞻研究院）	安防行业目前有两类参与者，传统安防行业巨头和计算机视觉算法公司，各具优势	博世、ASSA ABLOY	海康威视、大华股份、商汤科技、云天励飞

053

续表

智能终端/场景	内涵	市场规模	竞争格局	国外代表企业	国内代表企业
家居	以家庭住宅为场景，基于人工智能、物联网技术和云计算平台构建智能家居生态圈，从而提供个性化、便捷化的生活服务	2017年中国智能家居市场规模为3254.7亿元（艾瑞咨询）	目前市场的主要竞争者可分为传统家电厂商、智能硬件厂商、互联网电商及创新企业	谷歌、亚马逊、Siemens	海尔、美的、小米、京东、华为
客服	通过对语义和语音进行识别，利用知识图谱等技术手段，对用户的意图进行理解和预测，提供即时客服服务，降低人力成本	2017年我国在线客服市场规模达644亿元，2018年将达716亿元（中国产业信息网）	市场上目前主要竞争者为第三方智能客服和互联网巨头	IBM；微软	科大讯飞、Udesk、i机器人、百度、阿里
零售	从供应链、市场营销、客服等各个方面助力零售升级，提升店铺管理效率和用户消费体验	2017年中国无人零售市场规模近200亿元，预计2020年将突破650亿元（艾瑞咨询）	市场竞争激烈，互联网巨头纷纷入局	亚马逊、沃尔玛	阿里、京东、腾讯、小米、每日优鲜

资料来源：国家工业信息安全发展研究中心整理。

参考文献

恒大研究院：《AI发展键入高潮，未来有望引爆新一轮技术革命》，2018。

电子学会：《新一代人工智能发展白皮书（2017）》，2018。

易观：《2018中国人工智能产业生态图谱》，2018。

艾瑞咨询：《2018年中国人工智能行业研究报告》，2018。

智慧芽、灼识咨询：《2018人工智能行业创新情报白皮书》，2018。

人工智能产业发展研究课题组：《北京人工智能产业发展白皮书（2018）》，2018年6月。

CSDN、易观：《2018中国人工智能产业线路图》，2018年1月。

B.4
人工智能已经成为科技企业战略布局重点

刘雨菡　赵　杨　王茜硕　梁冬晗　贾　群*

摘　要： 2018年人工智能下游应用需求爆发式增长，人工智能产业快速发展，各类企业均已将人工智能作为自身战略布局重点。谷歌、脸书、亚马逊、微软等国际互联网巨头，百度、阿里、腾讯、京东、科大讯飞等国内巨头企业纷纷围绕主业展开布局，开发核心基础技术，建设开源开放平台，构建从技术研发到行业应用的完整的生态体系；新创公司针对重点领域深耕细作，商汤科技、旷视科技等专注计算机视觉领域，思必驰、云知声等钻研语音识别领域，驭势科技、图森未来等主攻智能驾驶领域，已有不少企业逐步演化为各领域独角兽；海康威视、北汽、美的等传统行业企业正加快推进转型升级，构建传统行业新生态。

关键词： 人工智能　龙头企业　新创企业　传统行业　互联网

---

* 刘雨涵，国家工业信息安全发展研究中心研究员，研究方向为软件、大数据、人工智能；赵杨，国家工业信息安全发展研究中心工程师，研究方向为人工智能、车联网等；王茜硕，计算机专业硕士，主要跟踪国内外智能语音、计算机视觉、芯片等多个领域企业、战略规划和产业发展动向；梁冬晗，国家工业信息安全发展研究中心工程师，研究方向为人工智能、电子信息产业等；贾群，中国科学院自动化研究所实习生，硕士，研究方向为计算机视觉、机器视觉、深度学习。

一 巨头继续加大人工智能生态布局

谷歌、脸书、亚马逊、微软、IBM等企业纷纷布局，并推动相关技术快速发展，旨在建立从AI技术、整体解决方案、开源平台，到硬件和产业应用的完整生态体系，并创办了"人工智能伙伴关系"（Partnership on AI）的非营利性组织，以实现公司间的良性沟通。各大企业通过加大研发投入力度、招募高端人才、建设实验室等方式加快关键技术研发；同时，通过收购等方式吸收人工智能优秀中小企业来提升整体竞争力；此外，它们还积极开放、开源技术平台，构建围绕自有体系的生态环境。

1. 谷歌抢占龙头地位，全方位布局人工智能产业

谷歌是美国的一家跨国科技企业，成立于1998年9月4日，由拉里·佩奇和谢尔盖·布林共同创建，现已成为全球公认最大的人工智能公司。2016年4月，谷歌明确提出将人工智能优先作为公司大战略。谷歌以深度学习技术为依托，全方位布局人工智能产业。

聚焦深度学习。2014年年初，谷歌以4亿美元收购了深度学习算法公司——DeepMind。2016年3月，DeepMind团队训练的深度强化学习项目AlphaGo击败了围棋世界冠军李世石，这是人工智能的一次里程碑事件。

开源机器学习平台TensorFlow。2015年11月，谷歌在其官方博客上宣布开源自己的最新第二代机器学习系统TensorFlow，对DistBelief的短板做了补足。

持续提升Google Assistant能力。2018年5月9日，谷歌举办了2018年的Google I/O大会，会上谷歌向大众展示了一项名为Duplex的AI新功能。

2. 脸书围绕 PyTorch 生态，争当开源大厂

脸书是美国的一家科技企业，成立于 2004 年，创办人是马克·扎克伯格。2012 年 5 月 18 日，脸书在美国纳斯达克证券交易所上市。2018 年 12 月，脸书入选"世界品牌 500 强排行榜"排名第 11，并在"全球企业创新力排行榜"排名第 1 位。其旗下的 Instagram、WhatsApp、脸书 Messenger 等均属于全球排名前列的社交 APP。

建立两大人工智能相关实验室。其一是脸书人工智能研究实验室 FAIR，主要专注于基础科学和长期研究。其二是应用机器学习部门 AML，专注于人工智能产品应用，正试图为提供排名、广告、搜索等所有领域开发更好的算法。

基于 PyTroch 平台发展开源生态。PyTroch 已经跃居 GitHub 上增长第二的开源项目，其灵活的接口对于人工智能研究的快速迭代十分友好，同时开源的框架设计有助平台包容并蓄快速迭代和发展。

3. 亚马逊利用 AWS 优势，开发基于云端的人工智能服务

亚马逊公司是全球最早涉猎机器学习和人工智能技术的互联网企业之一，成立于 1995 年。亚马逊运用人工智能技术，已经有了很多成功的典型案例，比如商品个性化推荐、卖家智能库存调配、自动化仓储机器人、"无人驾驶"供应链、Prime Air 无人机等。

开发虚拟助手 Alexa。2018 年 11 月，亚马逊宣布推出一款名为 Amazon Comprehend Medical 的医疗信息挖掘服务，这是一种新的机器学习服务，它使用自然语言处理来解码非结构化写作中的信息，利用人工智能挖掘电子病历数据。

正式开放 Amazon Go。2018 年 1 月 22 日，位于西雅图亚马逊总部办公楼下的全球首家无人商店 Amazon Go 正式对公众开放。这家无人便利店配备的人工智能技术可以监测被拿走的产品，然后在 APP 上自动生成订单，客户在 APP 上完成支付即可。

4. 微软侧重人机交互，打造对话型智能机器人

微软是美国一家跨国电脑科技公司，于 1975 年由比尔·盖茨和保罗·艾伦创立，公司的畅销产品为 Microsoft Windows 操作系统和 Microsoft Office 软件。微软于 2016 年 9 月组建新的"微软人工智能与研究事业部"，该事业部将通过四种途径来推广人工智能技术，分别为代理、应用、服务和基础设施。

收购开源项目托管平台 GitHub。2018 年 6 月 4 日，微软宣布以 75 亿美元的股票收购开源项目托管平台 GitHub，目前微软有超过 6000 位工程师投入开源项目，向 Linux 开源世界提供 60000 多个免费专利授权，9700 多个开源组件被采用，发布开源项目超过 3000 个。

拓展云平台 Azure 功能。Azure 是微软专为人工智能打造的云平台。Azure 目前包括公有云 Azure、混合云 Azure Stack、物联网 Azure IoT Edge 和 Azure Sphere 四个方面。2018 年微软将 Azure IoT Edge 开源，允许开发者进行扩展、添加功能，并部署到任何环境中。

语音语义方面持续进展。2018 年 1 月，微软亚洲研究院自然语言计算组率先在斯坦福大学发起的 SQuAD 文本理解挑战赛上获得超越人类的分数；3 月，微软亚洲研究院与微软雷德蒙研究院宣布，其研发的机器翻译系统在通用新闻报道测试集 newstest 2017 的中英测试集上，第一个达到了可以与人工翻译媲美的水平。

5. 百度布局人工智能产业，打造核心竞争力

百度是一家以中文搜索引擎起家的高科技公司，成立于 2000 年，由李彦宏创办。百度自 2010 年左右开始全面布局人工智能研究，逐步从自然语言理解、语音、机器学习、图像等方面进行扩展，当前已形成较完整的人工智能技术布局，是国内综合技术储备较强的人工智能公司。百度在人工智能领域的代表产品主要有百度大脑、百度智能云、Apollo 平台、DuerOS 平台。

打造"百度大脑"。2016 年的百度 AI 开发者大会上，百度首次

向外界全面展示百度人工智能成果——"百度大脑",并宣布对广大开发者、创业者及传统企业开放其核心能力和底层技术。目前"百度大脑"已经形成一个完整的人工智能技术布局,包括算法层、感知层、认知层、平台层四个层面。算法层包括机器学习平台和深度学习平台;感知层包括语音识别、图像识别、视频技术AR、VR等能力;认知层包括NLP、知识图谱、用户画像;平台层则为人工智能开放平台,将不同能力向外界开放。此外,百度大脑正在与各行各业结合,衍生出不同领域的行业大脑,比如医疗大脑、交通大脑、金融大脑等。

布局百度智能云。百度云作为百度人工智能平台的重要组成部分,具有影响战略布局的重要性。2018年,百度云正式发布ABC3.0,其从基础技术和延展性方面都有大幅度更新,增强了ABC3.0的场景应用能力。2018年,基于百度云的人脸识别技术已经应用于身份认证、信贷审核、移动支付等金融场景,通过人工智能技术及大数据分析帮助广发银行、银联商务、百信银行、泰康保险等知名金融和保险机构创新业务流程,优化用户体验。依托业内领先的图像识别技术,百度云相继与首自信、宝武集团研发"钢板缺陷识别模型"和"连铸板坯缺陷识别模型",实现了人工智能在钢材质检领域的首次应用。2019年1月9日,百度在美国CES消费电子展上,发布了中国首款智能边缘计算产品BIE(Baidu Intelligent Edge)和智能边缘计算开源版本OpenEdge。同时,分别与英特尔、恩智浦(NXP)和麦飞科技联合推出搭载百度智能边缘技术的硬件产品BIE-AI-BOX和BIE-AI-Board。百度智能云正加速与合作伙伴共同推动人工智能更好更快落地。

开放Apollo平台。Apollo开放平台标志着全球范围内自动驾驶技术首次系统级开放,帮助汽车行业及自动驾驶领域的合作伙伴快速搭建一套属于自己的完整的自动驾驶系统。2018年,Apollo完成从1.0

到3.0的升级，并推出了自主泊车（Valet Parking）、无人作业小车（MicroCar）、自动接驳巴士（MiniBus）三套自动驾驶解决方案和量产车联网系统解决方案——小度车载OS。2018年，Apollo与金龙客车合作打造的全球首款L4级量产自动驾驶巴士"阿波龙"已经实现量产。2018年10月，百度与北汽集团达成战略合作，将于2019年前后实现L3级别自动驾驶车辆量产，2021年前后实现L4级别自动驾驶车辆量产。

持续加码智能硬件领域。2017年7月，百度推出DuerOS开放平台，它是一款对话式人工智能系统，搭载DuerOS的设备可让用户以自然语言对话的交互方式，实现影音娱乐、信息查询、聊天休闲、生活服务、智能家居等操作。2018年，DuerOS已与创维、海尔、极米等160家企业达成合作伙伴关系，共发布超过90款搭载DuerOS的硬件产品，其中与小鱼在家合作推出的"小度在家"倍受消费者喜爱。3月，百度宣布成立"智能生活事业群组"，进一步聚焦对话式人工智能这一战略重点，持续加码百度智能硬件布局，并相继投资极米、创维酷开和小鱼在家，深耕智能家居领域，通过多种形式扶持人工智能初创公司。

6. 阿里依托阿里云，实现服务方式与人工智能深度融合

阿里是国内最大的电子商务公司，成立于1999年，由马云与18位创始人共同创立。公司业务涉及电子商务、网上支付、B2B网上交易市场及云计算业务等。阿里凭借电商、支付和云服务资源优势与人工智能技术深度融合，将技术优势逐步面向多领域发展。阿里目前主要以阿里云为基础，从家居、零售、出行（汽车）、金融、智能城市和智能工业等方面展开了人工智能产业布局。

布局云计算。阿里云创立于2009年，是全球领先的云计算及人工智能科技公司，致力于以在线公共服务的方式，提供安全、可靠的计算和数据处理能力，让计算和人工智能成为普惠科技。阿里提出的

"新零售，新制造，新金融，新技术，新能源"，阿里云正在成为这"五新"的经济基础设施，其自主研发的超大规模通用计算操作系统"飞天"，可以将遍布全球的百万级服务器连成一台超级计算机，以在线公共服务的方式为社会提供计算能力。

ET系列平台。2017年底，阿里云正式推出整合城市管理、工业优化、辅助医疗、环境治理、航空调度等全局能力为一体的ET大脑，包括ET金融大脑、ET工业大脑、ET城市大脑、ET航空大脑、ET医疗大脑和ET农业大脑，全面布局人工智能。ET金融大脑是一种智能决策金融方案，可辅助银行、证券、保险等金融机构实现对贷款、征信、保险等业务的智能决策及风控监管，大幅降低资损率等。ET工业大脑集成了阿里十数年发展沉淀的计算能力、人工智能算法以及完备的互联网安全体系架构，通过分析工业生产中收集的数据，优化机器的产出，降低废品率，减少成本。ET航空大脑、ET医疗大脑和ET农业大脑都已开始在相关领域落地，用运筹优化、机器学习等人工智能方法，极大地提高了人工效率。2017年底，科技部新一代人工智能发展规划暨重大科技项目启动会上，阿里云ET城市大脑正式升级为国家级平台。

打造线下销售新模式——无人零售。即拿即走、免排队购物的无人零售店正在成为行业趋势。在2016年阿里提出"新零售"理念后，阿里便开始了一连串的线下零售布局。无人零售的实现得益于蚂蚁金服技术实验室研发的一整套线下门店物联网支付解决方案。阿里这套解决方案主要涉及三大核心技术，即生物特征自主感知与学习系统、结算意图识别与交易系统、目标检测与追踪系统。通过零售物联网技术解决方案，阿里电商核心能力延展至线下消费场景，使线下零售门店能够获得线上同等的高效、数据化运营能力。

车联网的核心——AliOS平台。AliOS聚焦于汽车产品，致力于打造成"车辆信息化底盘"。在汽车出行方面，目前已经有超过60

万辆汽车搭载了 AliOS，其中包括上汽、神龙汽车、福特汽车和东风雪铁龙等，而且车主的日均活跃度高达 99%。2018 年 9 月，阿里正式推出 AliOS 2.0 系统，AliOS 2.0 系统在感知、交互、应用、平台、安全五个领域实现了突破性进化，将定义下一代互联网汽车的标准。

发力智能硬件。天猫精灵 X1 内置 AliGenie 操作系统，它能够听懂中文普通话语音指令，目前可实现智能家居控制、语音购物、手机充值、叫外卖、音频播放等功能，带来人机交互新体验。2018 年，基于消费端的良好表现，阿里又推出了天猫精灵方糖、天猫精灵儿童智能音箱"小小精灵"、天猫精灵魔盒三款产品，意图通过"智能音箱+魔盒"的模式，实现掌控家庭内部开关的目的。为了丰富智能家居的功能，阿里人工智能实验室还在不断丰富智能音箱的周边产品，包括方糖可语音控制的智能插座、智能灯泡、WiFi 智能遥控等。

7. 腾讯基于实验室和核心业务，布局人工智能

腾讯是一家互联网高科技公司，成立于 1998 年，由马化腾等五位创始人共同创立。相较于阿里和百度，腾讯在人工智能上的起步较晚，更多的是业务驱动，随后逐渐加大投入、全面布局。腾讯主要围绕三条路径展开：一是基于腾讯的核心产品和技术优势，形成不同的业务体系在人工智能方面突破；二是组建专注于底层基础的研究团队与实验室，做长线技术积累；三是收购和投资一批优秀的国内外人工智能领域的公司。

打造专注人工智能的四大实验室。自 2012 年起，腾讯开始注重人工智能在核心人才方面的布局，着手组建了四个人工智能实验室，专注于基础研究。2012 年成立优图实验室，专注于图像技术的深入研究，在人脸识别领域处于国际领先水平，多次在 MegaFace、LFW 等国际人工智能的权威比赛中刷新世界纪录。2016 年成立 AI Lab，聚焦于基础研究与应用探索的结合，是企业级的人工智能实验室。AI

Lab 是腾讯在人工智能领域布局的重要组成部分，专注于四大基础研究和四大应用探索的结合。2018 年 3 月，AI Lab 和施普林格·自然集团（Springer Nature）旗下的自然科研（Nature Research）正式达成战略合作，共同推动"人工智能+医疗"领域的跨学科研究。2018 年成立了机器人实验室"Robotics X"，希望打造虚拟世界到现实世界的连接器与载体。最后一个是微信人工智能团队，由微信团队内部孵化，开展人工智能技术探索与应用。

  实现人工智能场景应用。腾讯人工智能的应用场景主要有以下四种：内容 AI、社交 AI、游戏 AI 和平台工具 AI。内容 AI 已在腾讯的内容搜索、推荐分发，甚至创作领域落地。腾讯平台上的数字内容服务都会受益于这一推荐技术，包括新闻类应用、腾讯视频、QQ 应用、全民 K 歌及应用商店等。除此以外，内容 AI 还致力于协助内容生产。首个基于机器学习的智能写作平台 Dreamwriter 正在颠覆旧的内容生产方式，并且打开了人机协作的未来发展方向。社交是腾讯的核心业务，微信和 QQ 两个业务，蕴含了其他企业无法比拟的数据量，而这些数据在人工智能的驱动下释放出来的有效信息，便会反哺微信和 QQ 的用户体验。目前微信人工智能输出的算法成果，已经逐步应用于微信的语音输入、语音转文字、声纹锁、对话机器人、摇一摇歌曲/电视、扫一扫封面、扫一扫翻译和微信广告等功能。在游戏领域，腾讯将人工智能引入游戏，衍生出很多新玩法，是腾讯最具差异化的人工智能应用领域。腾讯推出的围棋人工智能"绝艺"就是腾讯游戏人工智能的典型代表。"绝艺"的产品形态已经在陪练与棋手交流上体现巨大潜力，"绝艺"背后"精准决策"的人工智能能力，可在无人驾驶、量化金融、辅助医疗等多个领域应用。平台工具 AI 包含除以上三大类应用以外的所有人工智能应用，包括金融 AI、医疗 AI、腾讯云小微平台等。

  通过投资收购持续加码人工智能。2014 年以来，腾讯先后在海外投资/收购了多家人工智能产业链公司。比如面向所有个人的云计算服务商 ScaledInference，定位于生命大数据、互联网和人工智能创建的数字生命生态系统研究公司 iCarbonX，医疗健康数据收集和分析服务提供商 CloudMedX，通过人工智能抓取网页关键内容并输出软件可以直接识别的结构化数据公司 Diffbot 等。2018 年，腾讯投资了专注于人工智能领域神经网络解决方案服务商"燧原科技"、视频监控云服务及联网监控运营商"悠络客"、大数据可视化解决方案提供商"光启元科技"、健康医疗数据应用服务商"中电数据"、教育大数据解决方案提供商"tstudy 拓思德"、教育类优必选机器人等，意图全方位抢占人工智能的潜在投资领域。

8. 京东围绕人工智能平台和无人机，打造人工智能发展优势

京东是国内较大集研发与销售为一体的电子商务公司，成立于 1998 年，由刘强东创办。在人工智能领域，京东进入较晚，其依托自身的电商平台、物流、金融等核心业务，利用多年积累的海量丰富的大数据资源，形成了京鱼智能平台、NeuHub 平台和无人机研发三个方向。

京鱼智能平台。2018 年，京东对原有的 Alpha 平台进行升级，更名为京鱼智能平台。升级后的京鱼智能平台，软件层面，包括面向普通消费者的小京鱼智能助手，以及由物联网平台、大数据平台、智能服务平台组成的强大"京鱼大脑"；硬件层面，使用京鱼座独立品牌，采取"自研＋合作"的产品策略；技术层面，京鱼智能平台涵盖了自然语言理解、图像识别、深度学习、大数据挖掘等能多种能力，都经过京东丰富场景的严苛历练；应用层面，可以为消费者提供设备互联控制、信息检索、生活服务、在线购物、音乐视频等海量服务等。京东还与华为消费者业务集团签订了战略合作协议，京鱼智能平台全线智能硬件与华为消费者业务集团全系列终端产品实现全面互联，京鱼平台与华为 HiLink 平台完全打通，共享数据、渠道和物流。

这意味着，两家平台上的接入设备数都将大大增加。

NeuHub 平台。2018 年 4 月，京东对外发布了人工智能开放平台 NeuHub。NeuHub 平台由模型定制化平台和在线服务模块构成，如计算机视觉、语音交互、自然语言处理等在线服务模块。通过建立算法技术、应用场景、数据链间的连接，为各行各业进行赋能。相关客户包括叮咚、vivo、三星、达达、华为、长虹等。该平台验证了多项落地性技术，标志着京东人工智能研发开始从应用型向核心技术研发和输出方面发力。科研人员、算法工程师可以通过 NeuHub 平台，不断设计新的人工智能能力以满足用户需求，并深耕电商、供应链、物流、金融、广告等多个领域应用，探索试验医疗、扶贫、政务、养老、教育、文化、体育等多领域应用，聚焦于新技术和行业趋势研究，孵化行业最新落地项目。

布局无人机业务。随着电子商务的兴起，中国物流运输业蓬勃发展。基于对运输效率的要求，越来越多的电商、物流企业加入研制无人机的行列。2018 年 6 月，京东第一架具有自主知识产权的重型无人机已正式下线，该无人机目标有效载重量达 1～5 吨，飞行距离超过 1000 公里。这款超重型无人机名为"京鸿"（代号"JDY800"），从立项到概念发布再到正式下线，用了一年多的时间，具有全天候全自主的飞行能力，其翼展 10.12 米，全机长 7.01 米，机高 2.635 米，巡航高度 3000 米，升限 5000 米。该无人机可装载京东标准化货箱，承载干线与末端无人机网络的转接，在未来能够与京东物流仓储设施实现无缝对接。这款重型无人机的下线，标志着京东打造的"干线—支线—末端"三级无人机智慧物流体系在支线级布局进入落地阶段。2019 年 1 月 8 日中午 12 点 50 分，一架京东 Y3 无人机携一个快递箱，从位于广安市协兴镇的京东物流广安运营部腾空而起。6 分钟后，无人机抵达 900 米之外的协兴镇牌坊新村社区活动广场，为年近 80 岁的李昌福爷爷送去孙子购买的年货礼。这是京东无人机常态化送货的西南第一单,标志着京东物流在广安市营业部正式开启了无人机常态化运营。

9. 科大讯飞依托语音识别技术,实现技术与产品结合

科大讯飞成立于1999年,由刘庆峰创办,公司专业从事智能语音及语言技术研究、软件及芯片产品开发、语音信息服务及电子政务系统集成等,产品包括讯飞开放平台、手机应用讯飞翻译机、讯飞输入法、录音宝、智能硬件产品讯飞 A.I. 儿童手表、阿尔法蛋机器人等多个产品以及一系列的解决方案和系统,涉及教育、车载终端、移动互联网、司法、医疗、客服、智慧城市等多个领域。

人工智能核心技术——语音识别技术。科大讯飞以语音识别技术作为核心,除英文、普通话外,其方言语音识别技术也在国内处于领先地位。最初,出于满足用户个性化需求和保护方言的目标,科大讯飞开始了用人工智能表达乡音的尝试。2014年初,在云计算、大数据、深度神经网络、方言口音适配等技术的综合作用下,除粤语外,四川话成为第二个应用于科大讯飞输入法的方言。此后,科大讯飞在中国方言语音识别技术方面突飞猛进,至2017年11月,科大讯飞能够识别的方言种类已达22种,识别准确率超过90%的有十余种,对中文的识别准确率已超过英语。目前,科大讯飞语音识别技术主要从两方面发力,一方面是中译英、中译韩、中译日、英译日的不断突破,另一方面则是粤语、四川话、闽南语、客家语、贵州话的持续拓展。2018年6月,中国外文局与科大讯飞公司签署战略合作协议,双方将依托人工智能技术共建人工智能翻译平台,助力中国翻译产业发展和中华文化对外传播。

打造人工智能应用基础。讯飞开放平台是一个开放的智能交互技术服务平台,用户可通过互联网、移动互联网,随时随地享受讯飞开放平台提供的全方位人工智能服务。目前,开放平台以"云+端"的形式向开发者提供语音合成、语音识别、语音唤醒、语义理解、人

脸识别、个性化彩铃、移动应用分析等多项服务。目前，平台已累计拥有终端数18亿，日均交互次数45亿。除了技术支持之外，讯飞开放平台还在品牌影响力、人才培训、双创孵化等方面为合作伙伴赋能。2018年9月，科大讯飞与贵州省卫生和计划生育委员会签署战略合作协议，双方将共同探索人工智能在医疗领域创新应用，推动贵州省智慧医疗建设发展。签约仪式上，科大讯飞与贵州省卫计委共建的贵州省人工智能医疗联合实验室正式挂牌。

实现人工智能技术与产品的结合。除了语音识别和讯飞开放平台以外，讯飞翻译机、讯飞输入法、录音宝，智能硬件产品讯飞A.I.儿童手表等多款应用产品，也在消费端积累了良好的口碑，使科大讯飞在人工智能领域具有良好的发展前景。讯飞翻译机2.0，2018年4月正式对外发布。现已支持中文与50种语言的实时翻译，还支持离线翻译、拍照翻译、方言翻译等功能。在2019年CES展上，讯飞翻译机2.0作为中国翻译机品类代表，获得CES创新奖，是对讯飞产品的肯定。讯飞输入法是广受用户好评的手机输入法，超过2亿用户使用，现已完美适配iOS8，并成功登陆App Store，成为独家支持语音输入的第三方输入法，安装便捷，体验感良好。讯飞儿童手表，是依靠讯飞出众的人工智能语音开发平台打造的智能语音交互系统，突破了儿童手表单一的定位和打电话的功能局限，将英语学习、故事百科、音乐欣赏、国学知识、对话聊天、日程管理等多个功能集于一体，成为儿童手腕上的趣味学习机。

二 初创企业瞄准重点领域深耕细作

1.思必驰：聚焦全链路对话技术，深化语音软硬结合

2018年，思必驰不断提升多项语言技术。经过500多小时实测，在普通干扰环境（背景聊天、电视播放等）下，每48小时误唤醒仅

一次。同年，首创启发式对话技术和复杂结构知识管理技术并自主创新语音识别解码加速技术——PSD，语音识别搜索速度提升了 3～4 倍。在抗噪语音识别上，在国际标准的测试集合 Aurora 4 上思必驰用更复杂的识别系统取得了 3% 左右的错误率，接近人类真实水平，刷新了国际性能纪录。思必驰打通了全链路对话技术，借助 DUI 平台推进定制规模化服务，通过"会话精灵"提供交互式信息服务，实现快速落地。2019 年 1 月，思必驰推出了首款毫秒级语音人工智能专用芯片。在赋能智能终端后，丰富后端服务资源，通过 AIOT、AI 芯片、AIBOT、AI 生态四个人工智能的布局，不断推进产业化进程。

2. 出门问问：推进语音交互技术进入人工智能消费时代

出门问问面向普通消费者和行业客户两条赛道进行布局。一是面向普通消费者提供具备完善语音交互功能的人工智能消费电子产品，构建"线上销售平台+线下体验店+现代物流"深度融合的新零售模式；二是面向行业客户提供领先的语音交互智能客服和智能反欺诈产品，可为金融保险、智能家居、智慧城市建设提供服务。2018 年，出门问问加大研发中心及技术支持中心布局力度，与杭州国芯科技合作推出了量产人工智能语音芯片模组，与大众汽车成立了合资公司"问众智能"。出门问问积极开展产业布局，打造了线上线下一体的新零售战略，并实现了营收同比增长将近 400%。面对人工智能行业不断出现的新商机，出门问问开启了 ToC 和 ToB 双轮驱动的战略，并不断拓展国际化战略，通过与业界领先的渠道平台进行深度合作，为全球用户提供技术前沿、稳定高效的人工智能用户体验。

3. 云知声：布局产业生态系统，实现商业模式闭环

云知声不仅完成技术闭环，实现了产品落地，而且多项语音技术已达全国领先。2018 年 5 月，云知声发布的自研人工智能芯片"雨燕"，填补了国内边缘侧人工智能芯片的空白并已量产落地；随后又发布了多模态人工智能芯片战略，其第二代共三款多模态人工智能芯

片将于2019年陆续流片；2018年9月，云知声基于其Atlas机器学习超算平台快速衍生、相继突破了人脸识别和机器翻译技术，其中云知声在WMT 2018国际机器翻译评测大赛中首次参赛便获得英译中第二、中译英第四、综合第三的好成绩；2018年10月，云知声完成视觉人工智能技术以及超高计算密集度人工智能芯片的技术储备，且云知声的边缘侧人工智能芯片的算力和功耗均已达到同等工艺下全球领先水平。

4. 商汤科技：运用计算机视觉技术驱动，商业化赋能行业升级

商汤科技不断推进技术的商业化应用落地。在智慧城市行业，商汤科技致力于推动智能视频分析技术在城市管理中的应用，提高管理效率。在金融行业，商汤科技以领先的证卡OCR识别、人证比对以及活体检测等技术，服务多家互联网金融公司、银行、移动运营商。在手机行业，商汤科技为华为、小米等知名品牌提供人脸解锁、智能美颜等影像技术。在深度学习硬件优化技术领域，商汤科技领先的神经网络模型压缩能力，将高性能、高精度的深度学习网络小型化，推动终端智能化的发展。商汤科技基于原创核心技术，建设智能视觉开放创新平台，通过超算系统、训练系统、智能视觉工具链等核心基础的研发、数据系统的构建，在基础研究和核心技术上与国际同等企业或机构保持同步研发水平，实现智能视觉底层关键技术和共性支撑技术的突破，促进智能视觉技术与多行业的快速结合、产业赋能。

5. 旷视科技：不断提升算法技术内核，深耕于垂直行业

旷视科技持续将人工智能赋能于行业。旷视人工智能开放平台Face++覆盖220个国家和地区，为海量的终端提供人工智能服务。旷视人脸身份验证平台FaceID为超过4亿人提供身份验证服务，覆盖80%的泛金融市场和100%的共享出行市场。在城市大脑IoT场景，旷视城市管理AI产品已在全国260余城市落地运行，辅助公安机关抓逃超过10000人；在供应链大脑IoT场景，旷视智能机器人部

署已超过5000台；在个人生活大脑IoT场景，旷视智能终端解决方案已为70%以上的安卓手机提供刷脸解锁服务，刷脸支付等创新服务为手机用户带来更多美好体验。旷视科技持续推进计算机视觉行业技术创新，2018年，旷视科技共计发表30多篇论文，摘获8项全球竞赛冠军；继ICCV COCO 2017击败谷歌、微软斩获三项世界第一成为该领域首个夺魁的中国公司之后，在ECCV COCO 2018旷视科技乘胜追击，一举包揽4项冠军。截至2018年，旷视科技拥有国内外在申及授权专利1000余件。

6. 小i机器人：打造全栈式智能语音交互技术和解决方案

在技术方面，实现向深度语义的过渡，解决多人对话、动态场景、多句组合意图、深度推理、有序问法、知识图谱、多意图理解、意图推荐、自动上下文、动态载入等人机互动中的十大问题；在应用方面，以智能客服为基础，提供全栈式的人工智能技术和解决方案，深耕智能客服、智慧城市、智慧金融、智慧医疗、智能办公、智能机器人、智能硬件、智能制造八大领域，在更多应用中实现会话式人工智能的商业价值；在开放平台方面，新一代智能Bot开放平台，面向企业和开发者免费开放，集成Chatting Bot、FAQ Bot、Discovery Bot三大核心能力以及自然语言处理、深度学习、语音识别与合成、图像识别、大数据分析等基础能力。

7. 优必选：深度挖掘应用场景，建立机器人生态

2018年，优必选不断拓展应用领域，并发布了个人智能机器人悟空以及智能机器人操作系统ROSA。悟空采用了全新设计的带离合装置的伺服舵机，眼部LED显示屏可呈现哭泣、开心、爱心等多种表情，在交互能力上添加了更多样的拟人化的互动方式。除陪伴之外，STEM教育也是悟空主打的一个方向。基于腾讯优图视觉人工智能技术，悟空具有人脸识别、200多种的物体识别、智能取景构图拍照的能力。ROSA操作系统包含智能机器人的一系列核心技

术,如语音操控、视觉识别、定位导航、运动控制等。ROSA 也是智能机器人领域的第一个打包式操作系统,对上可以连接开发者,可以连接各种各样的应用,对下可以让硬件厂商进来,对生态的建设非常重要。

8. 驭势科技:致力于研发 L4 技术,探索商业化道路

驭势科技在多个场景探索出符合技术与市场融合演变的自动驾驶商业化道路,在全国十余个地方开展了商业化应用,积累了丰富的商业运营经验,并形成了符合市场应用价值的技术解决方案。驭势科技重视车路协同创新发展,2018 年,驭势科技在"5G 车路协同"、"机场无人物流"、"无人驾驶赋能分时租赁"和"AVP 小批量交付"四个方面实现世界首创;L3 主机厂项目完成零的突破,全力迈向量产;与行业头部客户强强联合即将推出无人小巴。公司在车载计算平台、云端大数据综合管理平台、无人车设计研发、场景化智能驾驶解决方案以及 L3－L4 级智能驾驶技术等方面,陆续完成十余项技术成果转化。

9. 图森未来:围绕商用车自动驾驶研发,加强技术成果转化

图森未来加强算法和基于算法开发相应产品,一方面,图森未来看重国内车企对于研究无人驾驶的技术需求,通过和车企合作,在比较好的实验场景中,不断磨炼和提升自己的算法。图森未来采用多传感器融合方案,有效感知距离达 1000 米,并结合高精地图及 SLAM 定位,能够适应各种天气状况。图森未来无人驾驶卡车能 360 度实时感知行车周边环境,对可视场景进行像素级解读,同时保持 3 厘米车辆控制精度。另一方面,图森未来也希望把一些无人驾驶技术直接做成硬件级别的产品,形成一套完整的高级辅助驾驶系统解决方案,从而实现商业化落地。截至 2018 年上半年,图森未来已完成逾 13000 小时真实环境路测、超过 52 万公里实际路测和 7100 万公里仿真环境测试。

三　传统行业企业加快推进智能化升级

1. 海康威视打造人工智能云平台，构建安防领域新生态

海康威视的 AI Cloud 平台搭建基于计算存储资源池、数据资源池、算法仓库、资源管理调度平台、数据资源平台、智能应用平台、运维服务平台的两池一库四平台，旨在为安防物联网提供边缘计算与云计算融合的计算架构。通过边缘节点、边缘域和云计算中心三级有机结合，将人工智能注入产品的安防新生态。边缘节点负责多维感知数据采集和前端智能处理，边缘域侧重感知数据汇聚、存储、处理和智能应用，云计算中心进行业务数据融合及大数据多维分析应用。2018年，海康威视全面放开基础设施、平台服务、数据资源、应用接口四个层面的服务，协同合作伙伴构建新生态，解决从边到云所带来的应用、数据处理、管理等一系列问题。在开放平台上，包括设备厂商、基础软件厂商、算法厂商、数据服务提供商、应用开发商都能够实现互通互联，通过平台的纽带作用找到更多合作机会。

2. 北汽集团加快智能汽车产业链布局，强化国内外战略合作

北汽集团发布了以"NOVA-PLS"命名的智能汽车发展战略，以人工智能技术为核心突破口，建立智能驾驶 NOVA-Pilot、智能网联 NOVA-Link、智能座舱 NOVA-Space "三维一体"智能化战略体系。2018年，北汽集团发布"海豚+"战略，这是一份关于智能网联汽车的五年行动计划，目的是将智能技术、智能产品、智能生态、智能交通等作为战略重点，在自动驾驶系统、高性能传感器、计算平台、域控制器、高精度地图等方面加强产业链布局。北汽集团在智能网联汽车技术及产品领域与采埃孚、博世、松下、海拉、百度、科大讯飞等12家企业展开全面深度战略合作，并签署智能网联汽车战略合作协议。北汽新能源还发布了人工智能达尔文系统，涵盖整车技术、智

能驾驶、三电系统、智能网联、平台开放与数据安全等多个领域。2018年，以固态激光雷达研发为核心，北汽新能源与美国公司visionICs联合成立自动驾驶实验室；开发下一代多传感器融合自动驾驶系统；与百度签署战略合作协议，双方将在自动驾驶、车联网、云服务等领域以百度开放平台Apollo与北汽车辆平台为基础展开合作，计划到2019年生产100万台以上搭载百度车联网产品的车辆。

3. 美的集团提出人机新世代战略，向解决方案商转型

美的集团提出了"人机新世代"的战略，从家电制造商向工业互联网系统解决方案提供商转型。美的不仅着重于引进机器人、打造智能工厂，更注重基于大数据的分析，让所有业务实现互联互通，打造工业互联网生态圈。2018年，美的以45亿欧元收购德国机器人公司库卡、收购东芝家电业务以及与伊莱克斯成立合资公司，力求从世界最大家电制造商转变为工业自动化巨头。美的通过与库卡携手成立合资公司，对内整合双方优势资源，打造美的工业互联网的闭环，对外拓展工业与消费机器人的市场需求。在医疗领域，美的与广药集团合作开发医疗机器人和自动化药房试点项目。美的在美国硅谷设立未来科技研发中心，主要进行人工智能、芯片、传感器及机器人等领域的研发，目前，已经建成美的异构深度学习GPU集群平台——美的大脑、中国成品菜数据集，并开发出了多款人工智能产品及应用，包括人工智能烤箱、人工智能米饭机器人、未来厨房、工业人工智能和深度学习外观检测等。2018年，美的开启以人工智能导购为核心的全新购物体验模式——智能新零售，可以应用于美的多种渠道，使用人工智能技术为消费者提供分析和推荐，提升购物体验。结合自然语言理解、人脸识别及表情分析、大数据及智能推荐算法等多种人工智能技术，并提供智能产品体验、智能支付等购物体验模式，为消费者带来便捷、个性化的服务。

参考文献

东方证券:《巨头纷纷将人工智能提升至战略高度,行业变革大势所趋》,2018。

恒大研究院:《发展渐入高潮,未来有望引爆新一轮技术革命》,2018。

艾瑞研究院:《2018年中国人工智能城市感受力指数报告》,2018。

The Economist Intelligence Unit, "Artificial Intelligence in the Real World: The Business Case Takes Shape", 2016.

Stanford University, "AI Index 2018 Annual Report", 2018.

技术篇
Technical Reports

B.5
核心基础技术驱动人工智能产业加速发展

张倩 王茜硕 杨柳 李玮 杨玫[*]

摘　要： 近年来，人工智能的高速发展主要依托于可用于人工智能领域的硬件不断革新、人工智能算法的不断优化以及数据资源收集的不断拓宽。硬件的不断革新带来了更高的计算性能，可以承受更高复杂度的算法应用于人工智能领域，为实现人工智能奠定了物质基础。人工智能算法的发展使应用领域不断得到拓展，人工智能正在渗透越来越多的行业。数据资源是人工智能

---

[*] 张倩，国家工业信息安全发展研究中心高级工程师，硕士，研究方向为电子元器件、人工智能、物联网；王茜硕，计算机专业硕士，主要跟踪国内外智能语音、计算机视觉、芯片等多个领域企业、战略规划和产业发展动向；杨柳，国家工业信息安全发展研究中心助理工程师，硕士，研究方向为软件产业、云计算及大数据产业；李玮，国家工业信息安全发展研究中心助理研究员，研究方向为大数据；杨玫，国家工业信息安全发展研究中心工程师，博士，研究方向为大数据、人工智能、云计算等新一代信息技术领域政策及行业发展跟踪研究。

技术的基石，人工智能技术离不开海量数据的支持，人工智能模型都需要大量数据的训练，数据资源的爆发为人工智能的发展提供了原动力。

关键词： 人工智能　芯片　数据资源　深度学习

一　人工智能芯片是人工智能技术变革的物质基础

人工智能芯片（也称人工智能加速器）指专门用于处理人工智能应用中的大量计算任务的模块（其他非人工智能计算任务仍由中央处理器负责），通常针对人工智能算法做了特殊加速设计。人工智能芯片作为人工智能产业发展不可或缺的根基之一，拥有巨大的战略地位和产业价值，可以说"无芯片不人工智能"，受各国政府和企业高度关注。随着人工智能在更多领域的应用落地，人工智能芯片发展迎来井喷期。

1. 人工智能芯片产业格局渐趋明朗

人工智能芯片按承担的任务可分为训练芯片（构建神经网络模型）和推理芯片（应用神经网络模型）；按部署位置可分为云端（如数据中心）芯片和终端（如手机、安防摄像头、汽车等）芯片；按技术实现方式可分为图形处理器（GPU）、现场可编程门阵列（FPGA）、针对具体应用开发的专用集成电路（ASIC）[①]、神经形态芯片等。人工智能芯片产业链中，除了各种人工智能芯片设计企业，还包括提供人工智能加速核的知识产权（IP）授权商和晶圆代工企业。可提供嵌入芯片中的人工智能IP的公司有美国的新思科技(Synopsys)、

---

① 这里及后文出现的 ASIC 专指为 AI 应用定制设计的 AI 芯片。

077

Cadence 以及中国的寒武纪等。由于人工智能芯片对能效比要求较高，一般采用最先进的制造工艺，如 14/12/10/7 纳米，代表企业有目前集中在中国台湾地区的台积电公司（TSMC）、台湾联华电子（UMC）和韩国的三星公司。图 1 为人工智能芯片产业链及代表企业。

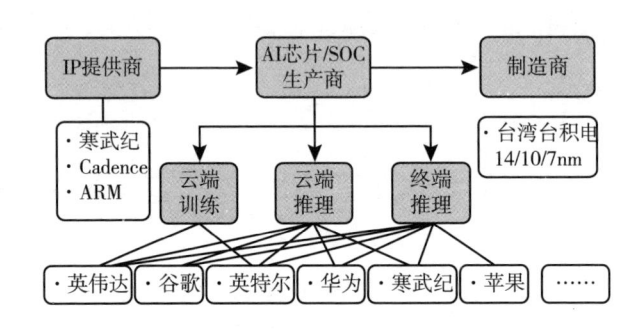

图 1　人工智能芯片产业链及企业分布

资料来源：国家工业信息安全发展研究中心整理。

2. 人工智能芯片百花齐放

人工智能芯片目前采取两种发展路径，一是延续传统冯·诺依曼架构，加速硬件计算能力，实现方式包括通用的 GPU、半定制化的 FPGA 和定制化的 ASIC，另一种是颠覆冯·诺依曼架构，直接模拟人脑神经结构，典型代表为神经形态芯片。GPU、FPGA、ASIC 和神经形态芯片各具优势，在不同阶段、不同应用场景间发挥不同的作用，根据 Gartner 在 2018 年 7 月发布的人工智能技术成熟度曲线，如图 2 所示，GPU 芯片已进入成熟期，将保持平稳发展态势；FPGA 刚从过热期迈进低谷期，市场趋于冷静；ASIC 将迎来迅猛发展，而神经形态芯片则处于缓慢的爬升期，产业化尚待时日。

GPU 占据人工智能芯片的主流。GPU 强大的并行计算能力非常适用于人工智能的深度神经网络，广泛应用在训练和需要大计算量的云端推理领域，是目前最主流的人工智能芯片，但也存在功耗高、价格高、难以针对特定领域快速优化等缺点。英伟达公司在 GPU 领域

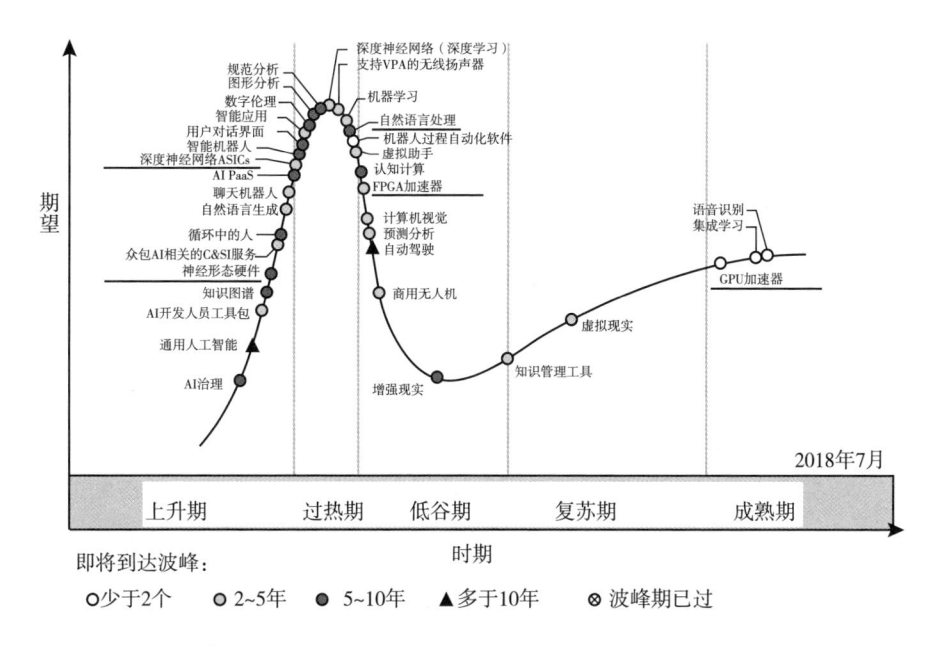

核心基础技术驱动人工智能产业加速发展

图 2 Gartner 公司发布的 2018 年人工智能技术成熟度曲线

资料来源：Gartner。

占据垄断地位，占 GPU 市场份额的 70%~80%。美国 AMD 公司也一直在推进 GPU 芯片的发展，并于 2018 年 11 月抢先推出全球首款 7 纳米 GPU 芯片原型，带有 32GB 高带宽内存，专为人工智能和深度学习设计，用于工作站和服务器。

FPGA 提供更大灵活性。FPGA 具备高性能、高灵活性、低能耗和可硬件编程等优点，允许在短时间内对定制的设计进行评估，以此来缩短开发周期，节省设计的开发费用，并且可以小批量、快迭代、低成本的方式迅速满足众多较轻运算量需求的应用场景，并提供优于 GPU 的延迟和功耗。但 FPGA 的峰值计算性能不如 GPU，且存在开发难度大、内存带宽约束，以及计算资源大量浪费等问题。英特尔和赛灵思公司占 FPGA 市场份额的近 90%，且垄断地位在不断加强。英特尔公司的 FPGA 10 系列包括 Stratix 10、Arria 10、Cyclone 10 和

MAX 10 四大产品线，都开展了多样化人工智能应用探索。赛灵思公司提出将技术不断成熟的人工智能关键模块固化在 FPGA 中，推出自适应计算加速平台（ACAP）。首款 ACAP 产品代号为"珠穆朗玛"（Everest），将采用台积电 7 纳米工艺，2019 年交付给客户。

ASIC 重点满足多种终端应用。尽管 ASIC 需做大量的验证和物理设计，以及花费更多的时间和资金，但在大规模量产时，其性能、能耗、体积、成本、可靠性都要优于 FPGA 和 GPU。一旦人工智能的算法相对稳定，ASIC 将是最主流的芯片形态。目前，随着人工智能应用规模的扩大，越来越多的公司开始采用 ASIC 芯片进行深度学习算法加速，并分别推出云端和终端 ASIC。在云端 ASIC 方面，谷歌的 TPU 是典型代表，目前已推出三代产品，如图 3 所示，2018 年 5 月推出的 TPU 3.0，计算性能相比 TPU 2.0 提升了 8 倍，可达 1000 万亿次浮点计算，首次使用了液冷散热。我国寒武纪公司也于 2018 年 5 月发布首款云端智能芯片 Cambricon MLU100。在终端 ASIC 方面，由于终端对于低功耗、小面积、高计算等指标的要求，终端人工智能芯片趋向知识产权（IP）化，即可与 GPU 和 CPU 等处理单元、高速存储器及输入输出接口等集成，组成满足特定应用需求的系统级芯片（SoC）。寒武纪、ARM、Cadence 等企业已推出可对外授权的人工智能处理单元 IP，华为、苹果、英伟达、英特尔等通过将外购或自研制人工智能处理单元 IP 并集成到自己的智能芯片架构中，实现具备智能数据处理能力的 SoC。

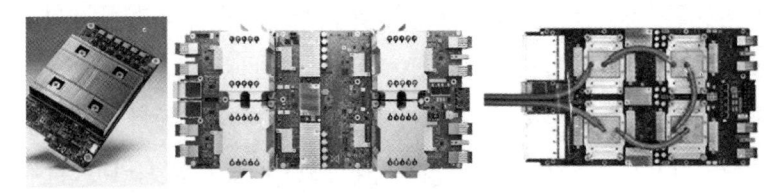

图 3 谷歌先后推出的三代 TPU

资料来源：根据网络图片整理。

神经形态芯片产业化道路漫长。目前神经形态芯片的设计方法主要在神经网络层面，芯片上的处理器内核和内存分别作为神经元和突触，而且内存、处理器和通信部件完全集成在一起，信息的处理在本地进行。神经形态芯片现阶段主要分为非硅和硅技术。非硅技术主要指采用忆阻器等新型材料和器件搭建的神经形态芯片，研究机构包括美国惠普公司、HRL 实验室、加州大学、纽约州立大学、密歇根大学，法国电子信息研究所（Leti）等。硅技术包括以瑞士苏黎世联邦理工学院的 ROLLS 芯片和海德堡大学的 BrainScales 芯片为代表的模拟集成电路，以及以 IBM 公司的"真北"芯片为代表的异步数字集成电路和以清华大学天机系列芯片为代表的纯同步数字集成电路。总体来看，神经形态芯片领域仍处于探索阶段。

3. 美中人工智能芯片企业数量占优

美国和中国是主导全球人工智能芯片发展最重要的两支力量。美国拥有世界最多的人工智能芯片企业，既有领军企业如谷歌、英特尔、IBM 等科技巨头，也有高通、英伟达、AMD、赛灵思这样在细分领域有绝对优势的大公司，还有一些发展良好的中等规模公司和活跃的初创企业，企业结构相对完善；在 GPU、FPGA、ASIC、神经形态芯片四大领域均有涉及，且在 GPU、FPGA 领域占据垄断地位。中国在人工智能芯片领域的布局主要集中于 ASIC 芯片，部分领域已处于世界领先，但以初创公司为主，在 GPU 和 FPGA 领域仍扮演着追随者的角色。2018 年 1 月，美国市场研究和咨询机构 Compass Intelligence 公司在调查研究了全球 100 多家企业后，发布了 2018 年度全球人工智能芯片组企业[①]排行榜，如表 1 所示。在排名前 24 家企

---

① 根据 Compass Intelligence 公司定义，AI 芯片组企业指提供 AI 芯片组软硬件的公司，如 CPU、GPU、神经网络处理器（NNP）、ASIC、FPGA、精简指令集（RISC）处理器、加速器等，针对终端处理和设备的芯片组、云计算使用的服务器，针对机器视觉和自动驾驶平台的设备等，以及 AI 的计算框架、训练平台等。

业中，美国占13个席位，且独揽前六，分别是英伟达、英特尔、IBM、谷歌、苹果、AMD。中国位居第二，大陆地区占6席，台湾地区占1席，第一名是列第12位的华为海思，其余6家依次是联发科、进想、瑞芯微、芯原、寒武纪和地平线（见表1）。

表1　Compass Intelligence 给出的人工智能芯片组公司排行

序号	名称	国家	指数
1	英伟达	美国	85.3
2	英特尔	美国	82.9
3	IBM	美国	80.2
4	谷歌	美国	78
5	苹果	美国	75.3
6	AMD	美国	74.7
7	ARM/Softbank	日本	73
8	高通	美国	73
9	三星	韩国	72.1
10	恩智浦（NXP）	荷兰	70.3
11	博通	新加坡	68.2
12	华为（海思）	中国	64.5
13	Synopsys	美国	61
14	联发科（MediaTek）	中国	59.5
15	进想（Imagination）	中国	59
16	Marvell	美国	58.5
17	赛灵思（Xilinx）	美国	58
18	CEVA	美国	54
19	Cadence	美国	51.5
20	瑞芯微（Rockchip）	中国	48
21	芯原（Verisilicon）	中国	47
22	General Vision	美国	46
23	寒武纪（Cambricon）	中国	44.5
24	地平线（Horizon）	中国	38.5

资料来源：Compass Intelligence。

4. 产业规模持续高速增长，芯片向更加智能发展，终端 ASIC 需求巨大

人工智能芯片伴随着人工智能整体产业的发展已全面进入"寒武纪"时代。人工智能的技术突破与创业者们的大量涌入，给人工智能芯片加速产业化创造了重要契机。未来 10 年将成为人工智能芯片发展的机遇期和产业主权的激烈争夺期。国内外市场研究公司都对人工智能芯片市场规模做出了预测。美国 Report Linker 公司在 2018 年初预测，到 2023 年全球人工智能芯片市场规模将达 108 亿美元，复合年均增长率达 53.6%。美国 AMR 公司在 2018 年 8 月预测，全球人工智能芯片市场规模将从 2017 年的 45.15 亿美元上涨到 2025 年的 911.85 亿美元，复合年均增长率达 45.4%。两家研究机构都提出了高复合年均增长率，看好未来发展前景，AMR 的预测更为乐观。

智能化程度越来越高。作为数据和信息处理芯片的高级形式，人工智能芯片将越来越智能。短期，人工智能芯片将以异构计算（多种组合）方式加速各类人工智能应用算法落地，并通过在计算架构、器件材料、电路结构、制造工艺上的不断改进和变革，持续提升算力和能效比，满足人工智能新应用需求；中期，人工智能芯片将着重发展自重构、自学习、自适应芯片，支持算法的演进和类人的自然智能；长期，人工智能芯片将朝淡化人工干预的通用型人工智能芯片方向发展，无须限定领域、设计模型、挑选训练样本、人工标注等工作，实现可编程、高度动态可变架构、强大自学习能力、高计算效率、高能效比、应用开发简洁、低成本和小体积等终极目标。

终端 ASIC 芯片存在海量需求。在计算机到无人驾驶汽车、无人机再到智能家居的庞大需求牵引下，出于对功耗、实时性以及训练数据和本地数据隐私等考虑，更多人工智能计算将从云端走向终端，驱动终端人工智能芯片不断向高性能、低功耗、小体积和定制化方向发展，从而减少对服务器的压力和对网络带宽的需求，获得更好的实时

反馈体验。而且能够保障在本地化数据处理中的信息安全和数据隐私，并且能够减少数据上传的流量资费。ASIC芯片将成为发展最活跃的一条分支，以及众多企业抢滩人工智能领域的登陆点，尤其是在终端推理芯片领域，种类和数量将大幅增加。

5. 发展人工智能芯片，需完善生态系统和挖掘更多应用场景，并持续技术创新

研制成本高、资金投入变现困难是现阶段人工智能芯片发展的最大障碍之一，尤其是ASIC。在开发人工智能芯片时须以需求为导向、与应用紧密结合，挖掘百万级用量的应用场景，才能有效均摊前期巨额的研发成本。只有用起来，才能具备自我造血的能力，形成正反馈。人工智能芯片要获大批量应用，强烈依赖其生态系统的完善，如是否支持国际主流开源算法框架，开发平台是否简单、易用和高效等。算法框架是人工智能核心生态圈建立的关键环节，是决定人工智能技术、产业、应用的核心环节，是人工智能核心生态圈建立的基础和关键。开发平台可实现算法的模块化封装，为应用开发提供集成软件工具包，包括为实现算法而开发的各类应用及算法工具包，为上层应用开发提供算法调用接口，提升应用实现的效率。掌握人工智能生态系统就将掌握这个产业的主动权。

更多人工智能芯片技术仍待突破。摩尔定律遇到了技术和经济上的双重瓶颈，处理器性能的增长速度越来越慢，然而社会对于计算能力的需求增速却并未减缓。随着移动应用、大数据、人工智能等新兴技术应用场景的不断丰富，人们对人工智能芯片的算力和功耗均提出更高需求，尤其是在终端推理领域。要想有大的突破，还需从电路级进行架构优化，包括内存上运算、动态可配置、带宽的优化，以及内存计算一体化，神经形态芯片也还需在产业化道路上走得更远。此外，深度学习神经网络的算法数十年来缺乏根本性突破，深度学习算法在实质上并不能完全模仿生物大脑的运作机制，在通用人工智能、

类脑智能、认知智能等领域,现有的人工智能技术还远未在基础理论方面取得实质进展。因此,人工智能芯片要获得持续发展以及成为真正的人工智能,仍需在算法、芯片架构、材料以及脑科学等领域不断取得突破。

二 算法是人工智能产业升级的核心引擎

人工智能算法是人工智能技术发展的基础,能够解决图像识别、语音识别、人机交互等人工智能相关任务。随着人工智能算法的不断发展演进,人工智能技术应用更加广泛,极大促进了人类社会的快速发展。

人工智能算法根据所解决的目标问题可分为三类。一是回归任务算法,回归方法是一种对数值型连续随机变量进行预测和建模的监督学习算法,其特点是标注的数据集具有数值型的目标变量。二是分类任务算法,分类方法是一种对离散型随机变量建模或预测的监督学习算法,其特点是该算法通常适用于预测一个类别而不是连续的数值。三是聚类任务算法,该算法基于数据的内部结构寻找观察样本的自然族群,其特点是该方法是一种无监督学习任务,并且通常使用数据可视化评价结果。三类人工智能任务算法的发展得益于深度学习算法模型的优化与拓展。截至目前,典型的深度学习算法模型主要有深度信念网络(DBN),卷积神经网络(CNN)、循环神经网络(RNN)、长短期记忆网络(LSTM)模型、生成对抗网络(GAN)、自编码器(Autoencoder)等。

(1)深度信念网络(DBN)。DBN 主要应用于识别特征、分类数据、生成数据,该网络由多层神经元构成,这些神经元又分为显性神经元和隐性神经元。DBN 的组成元件受限玻尔兹曼机(RBM),训练步骤包含预训练和调优。在预训练中,分别单独无监督地训练每一层 RBM 网络，确保特征向量映射到不同特征空间，都尽可能地保留特征信息；它通过一个非监督贪婪逐层方法预训练获得权重（即不要类标，不断拟合输入，依次逐层）。在这个过程中，数据输入可见层，生成一个向量 V，再通过权值 W 传给隐藏层，得到 H，由于隐藏层之间是无连接的，所以可以并行得到隐藏层所有节点值。隐层激活单元和可视层输入之间的相关性差别作为权值更新的主要依据。它的优点是，可以从统计的角度表示数据的分布情况，反映同类数据本身的相似度；生成模型可以还原出条件概率分布，相当于判别模型。缺点是生成模型不关心不同类别之间的最优分类面，分类精度可能没有判别模型高；学习问题的复杂性高；要求输入数据具有平移不变性（见图 4）。

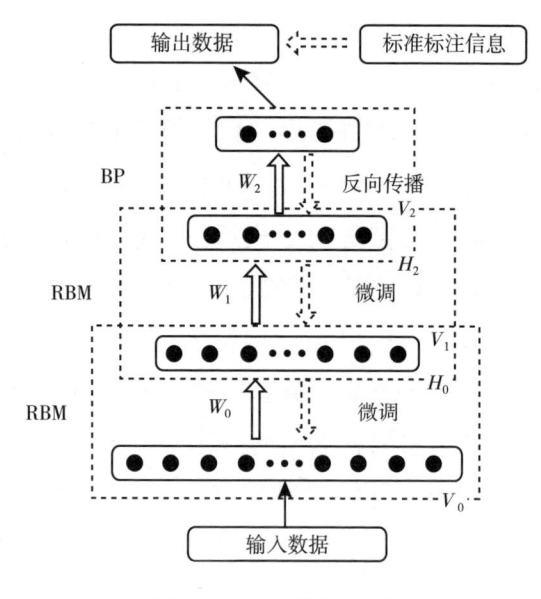

图 4　DBN 结构示意

资料来源：CSDN。

（2）卷积神经网络（CNN）。CNN 主要应用于输入数据有一定空间关联性的深度学习场景，是一种多层的监督学习神经网络，其基本运算单元包括：卷积运算、池化运算、全连接运算和识别运算。其中，隐含层的卷积层和池采样层是实现卷积神经网络特征提取功能的核心模块。该网络模型通过采用梯度下降法最小化损失函数对网络中的权重参数逐层反向调节，通过频繁的迭代训练提高网络的精度。CNN算法模型的优点是权重共享策略减少了需要训练的参数，相同的权重可以让滤波器不受信号位置的影响来检测信号的特性，使训练出来的模型泛化能力更强；池化运算可以压缩数据和参数的量，消除信号的微小偏移和扭曲，对平移、比例缩放、倾斜或者其他形式的变形具有高度不变性，在一定程度上防止过拟合。随着CNN网络层数的加深，深度模型容易出现梯度消散问题和过拟合问题（见图5）。

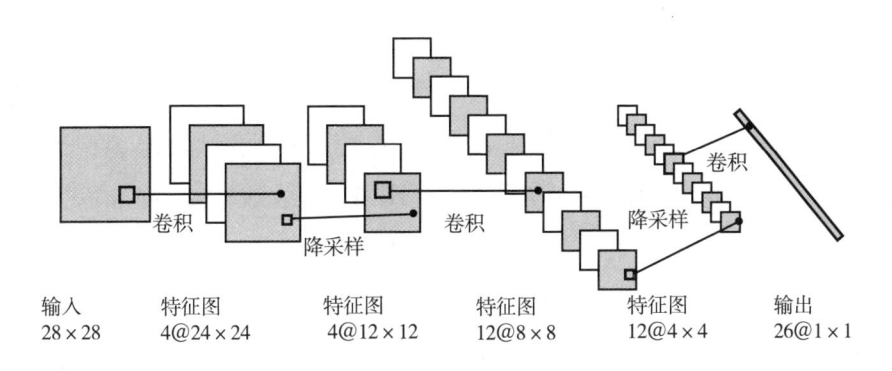

图5 CNN结构示意

资料来源：卷积神经网络（CNN）基础介绍。

（3）循环神经网络（RNN）。RNN的主要用途是处理和预测序列数据，在全连接神经网络或卷积神经网络中，网络结果都是从输入层到隐含层再到输出层，层与层之间是全连接或部分连接的，但每层之间的节点是无连接的。RNN的来源就是为了刻画一个序列当前的输出与之前信息的关系。从网络结果上来说，会记忆之前的信息，并利用之前的信息影响后面的输出。RNN的隐藏层之间的节点是有连接的，隐藏层的输入不仅包括输入层的输出，还包含上一时刻隐藏层的输出。RNN 的优点是模型是时间维度上的深度模型，可以对序列内容建模，缺点是需要训练的参数较多，容易出现梯度消散或梯度爆炸问题，不具有特征学习能力（见图 6）。

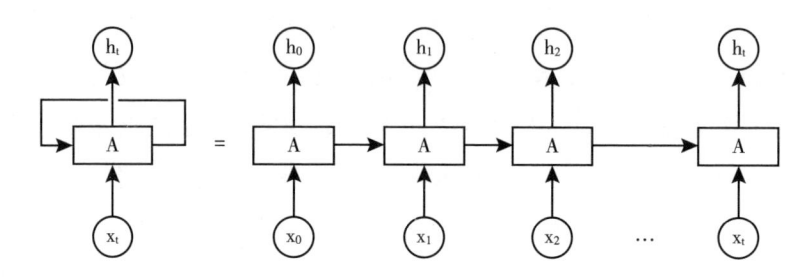

图 6　RNN 结构展开示意

资料来源：CSDN，深度学习笔记。

（4）长短期记忆网络（LSTM）模型。LSTM 是一种特殊的 RNN 类型，可以学习长期依赖信息。LSTM 通过刻意的设计来避免长期依赖问题。记住长期的信息在实践中是 LSTM 的默认行为，而非需要付出很大代价才能获得的能力。LSTM 的优点是可以解决 RNN 模型梯度弥散的问题，缺点是实际编程过程中，不同的应用 LSTM 的 Memory Block 如何构建，门的输入是否需要调整，这些都会带来很大的影响，要根据应用来进行调整（见图 7）。

（5）生成对抗网络（GAN）。GAN 是古德费洛在 2014 年提出来的一种采用对抗思路来生成数据的思想。GAN 是一类在无监督学习中使用的神经网络，其有助于解决按文本生成图像、提高图片分辨率、药物匹配、检索特定模式的图片等任务。GAN 的优点有生成效率高、设计框架灵活、可生成具有更高质量的样本等优势，缺点是仍存在难以训练、梯度消失、模式崩溃等问题，虽然 GAN 已在计算机图像生成等任务中取得了极大的成功，但是目前该技术仍然处在初期阶段（见图 8）。

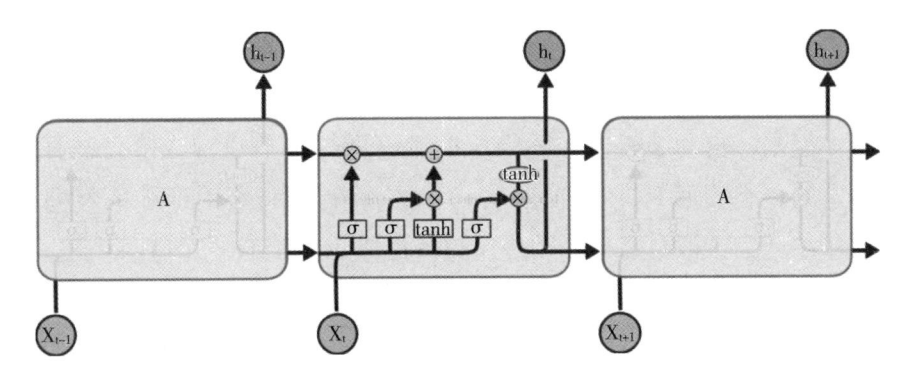

图7 LSTM 结构示意

资料来源：CSDN，深度学习笔记。

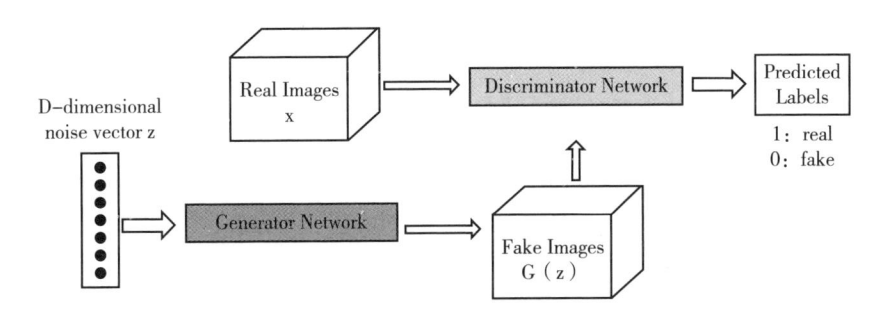

图8 GAN 计算流程与结构示意

资料来源：CSDN、生成对抗网络（GAN）梳理。

（6）自动编码器（Autoencoder）。自动编码器是一种数据的压缩算法，其中数据的压缩和解压缩函数是数据相关的、有损的、从样本中自动学习的。自动编码器是一种三层的神经网络：输入层、隐藏层（编码层）和解码层。它是一种无监督机器学习算法，应用了反向传播，可将目标值设置成与输入值相等。自动编码器的训练目标是将输入复制到输出。在内部，它有一个描述用于表征其输入代码的隐藏层。通过重构其输入，使其隐藏层学习到该输入的良好表征。在编码过程中，自动编码器既能表征线性变换，也能表征非线性变换。自动编码器通过数据示例自动学习。这意味着在特定类型的输入中很容易训练出表现良好的算法，并且不需要任何新的结构，只需适当的训练数据即可。但是，自动编码器在图像压缩方面做得并不好。自动编码器是在给定的一组数据上进行训练的，因此它将得到与所用训练集数据相似的压缩结果，但对通用的图像压缩器来说效果并不好（见图9）。

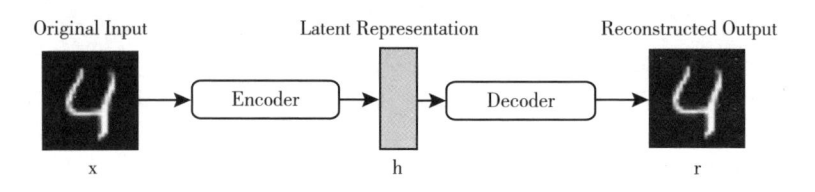

图 9　自动编码器架构

资料来源：www.atyun.com。

　　人工智能算法仍然面临诸多技术难点。虽然人工智能算法近几年得到快速发展，为解决人工智能问题提供了重要的理论支撑，但在研究过程中仍然面临诸多技术瓶颈。一是局部最优问题，深度学习算法的目标函数，几乎全是非凸的。而目前寻找最优解的方法，都是基于梯度下降的，梯度下降方法无法解决非凸问题。二是内存消耗巨大，计算复杂，庞大的参数规模造成训练过程和检测过程中内存消耗巨大和计算复杂。三是人脑机理还有待开发，深度学习模拟的是人脑之中一个很小的方面，而对于整个人脑的机理还有待继续开发。四是整个神经网络系统的设计、神经网络的设计方法，包含了研究人员对人脑的理解方式，要把整个网络框架设计好，需要较强的设计经验，这也是整个领域最具有研究价值的模块。

　　深度学习引领人工智能算法发展方向。目前深度学习算法作为人工智能最为主流的算法获得广泛关注。深度学习通过对不同模式进行建模，其结构具有较多层数的隐层节点以保证模型的深度，同时深度学习突出了特征学习的重要性，其通过逐层特征变换，将样本在原空间的特征表示变换到一个新特征空间，从而使识别或预测更加准确。因此，深度学习集中体现了人工智能算法的发展趋势，一是用较为复杂的模型降低模型偏差；二是用大数据提升统计的准确性；三是用可扩展的梯度下降算法求解大规模优化问题；四是采用多因素算法优化模型用来解决复杂问题；五是无监督学习将会掀起深度学习新的浪潮，长期内其作用将会越来越重要，生成对抗网络（GAN）模型作为无监督学习的代表将会得到快速发展。

三 数据是人工智能应用落地的重要基石

1. 数据资源爆发式增长为人工智能技术创新发展奠定坚实基础

随着移动互联网、智能硬件和物联网的快速普及，全球数据总量呈现指数级增长态势，根据IDC报告，2020年全球数据总量预计达44ZB（$1ZB = 10^{12}GB$），年均复合增长率达36%。大数据是通过对海量数据的分析提取隐藏的规律、现象、原理，而人工智能则在大数据的基础上更进一步，通过对数据的分析研究、开发利用，模拟、延伸和扩展人的智能。

2. 数据驱动促使人工智能算法和技术更加智能

人工智能中的"深度学习"（机器学习的内容之一），实际上是个老话题，如今很流行的原因主要是信息技术的发展让搜集"大数据"成为可能，机器训练有了足够多的样本。诸如阿尔法狗的棋步算法、洛天依的声音合成，以及无人驾驶、人脸识别、行人搜索、异常检测、行为识别、网页搜索等高级应用中用到的"深度学习""迁移学习""强化学习""对抗学习"及使用的网络结构——"深度神经网络""卷积神经网络""递归神经网络""对抗神经网络"等都与大数据息息相关。

3. 数据驱动引发人工智能应用快速发展

随着数据资源的增长及大数据处理能力的提升，数据驱动的人工智能方法在计算机视觉、自然语言处理、数据挖掘、商业智能、自动驾驶、人机博弈等领域取得令人瞩目的重大进展，引发基于数据的新型人工智能应用快速发展，并引领全球范围内智能化浪潮。在汽车行业，以自动驾驶为例，谷歌、百度、特斯拉、奥迪等传统巨头纷纷加入其中。利用传感器和激光雷达等感知器采集路况和行人信息，结合先进的人工智能算法，不断优化并最终规划出最优路线以及操控方案。例如，特斯拉从真实用户的驾驶中进行数据采集，已累计获得超过20亿公里的驾驶数据。通过对海量数据的处理分析，以此来增强机器学习系统的准确性，不断提升无人驾驶领域的性能技术和用户体验。在金融领域的智能风控、智能顾问、市场预测、信用评级等方面也有成功的应用。例如，日本初创公司（Alpaca）利用深度学习分析与识别图像，帮助用户快速地从海量信息中找到外汇交易图表，大大降低了时间成本。在零售行业，线下的实体零售店利用人工智能技术实现真正的无人零售，在降低成本的同时也大大提高了效率。在医疗领域，人工智能算法被应用到提供医疗辅助、癌症检测和新药物研制等方面，为医生提供医疗辅助，更高效精准地进行医疗诊断，如IBM的智能机器人沃森。

4. 数据资源的质量和标注成本成为制约人工智能发展的瓶颈

随着深度学习的兴起，神经网络的隐藏层数大大增加，为使模型达到一定准确率，要求的训练数据也随之增加，这种增加并非线性的，而是成倍的增长，并且对数据质量的要求极高，其好坏直接影响到算法模拟结果的准确性。数据标注行业应运而生，通过大量人力对非结构的数据加工标注，以提高数据质量。但数据标注属于劳动密集型工作，获取某些特定类别的带标记数据的成本较高，导致"可用"的数据量少且成本昂贵，深度学习面临训练数据不足的危机。微软亚洲研究院报告显示，以机器翻译为例，一个句子平均长度大约为30

个单词,如果需要标记 1000 万个双语句对,所有标记费用估算下来,大约为 2200 万美元。

5. 降低人工智能对数据依赖程度成为未来研发重点

数据标记成本比较高,因算法升级需要,训练数据的容量也需增加,这些因素使获取标记数据付出更高的成本。数据缺失,致使人工智能在许多领域的应用受到很多限制,人工智能的发展必然要求降低对数据的依赖。自动生成数据、小样本学习、迁移学习、无监督学习,能够减少人工智能对标注数据的高度依赖。Facebook 公司认为使用生成对抗网络(GAN)最终能够实现无监督学习,这种技术既可以减少人为行为的参与,对训练人工智能来说,GAN 生产完全虚构的数据集和真实数据集也一样有用。迁移学习可以从现有的数据中迁移知识,用来帮助将来的学习,即迁移已有的知识来解决仅有少量有标签样本数据甚至没有标签样本数据的问题,再对问题进行求解。尽管一个单一的未标注样本蕴含的信息比一个已标注的样本要少,但是如果能获取大量无标注数据(比如从互联网上下载随机的、无标注的图像、音频剪辑或者文本),并且算法能够有效地利用它们,那么相比大规模的手工构建特征和标注数据,算法将会取得更好的性能,自学习和无监督特征学习方法即可实现对未标注数据的自主学习,相关算法已在 ICML、SIGKDD、NIPS、CVPR、ICCV、ECCV、IJCAI、AAAI 等国际顶级会议中有相关文章发表。

四 高性能计算是人工智能发展的强大助力

1. 高性能计算呈现快速发展态势

高性能计算(High Performance Computing,HPC)又称超级计算,是利用并行处理和高速互联网络将多个计算节点连接起来,从而高效、快速地运行高级应用程序,大大增强了机器的数据处理能力,可以为人工智能提供强大的计算引擎。算力是人工智能的三大核心要素之一，2018年在人工智能发展热潮的带动下，高性能计算整体呈现快速发展态势。

高性能计算与人工智能技术协同创新。随着新的计算部件、存储技术发展，高性能计算和人工智能之间的联系越发紧密，融合应用程度逐步加深。利用人工智能算法优化现有的高性能计算工作程序（HPC-on-AI），以及通过高性能计算扩展人工智能算法规模（AI-on-HPC）等方面的研究成果显著，两者强有力的协同效应，正在不断推进技术的创新和发展。

各国加速高性能计算机研发布局。高性能计算是国家科技发展水平和综合国力的重要标志，在科学研究、经济发展等方面重要性愈发凸显，各国纷纷加强研发布局和应用扩展，着重百亿亿次（E级）超级计算机及相关技术的研究。从整体来看，美国和中国处于全球领先地位，中国自2013~2017年，一直占据着世界超级计算机排名的第一位，而2018年，美国打破了这一局面，重新回到榜首。根据国际TOP500组织在2018年11月发布的最新一期全球超级计算机500强榜单（见表2），美国的"Summit"和"Sierra"分获前两名，中国的"神威·太湖之光"、"天河二号"和瑞士的"Piz Daint"分列第三至第五名。其中，Summit于2018年6月在美国发布，是第一台既支持传统科学计算，又支持人工智能加速的超级计算机，混合精度运算速度为每秒320亿亿次，达到E级水平，两项Summit超算加速的人工智能应用获得2018戈登贝尔奖。

表2 全球超级计算机500强榜单（前十位）

排名	超级计算机	国家	浮点运算速度(TFlop/s)
1	Summit	美国	143500.0
2	Sierra	美国	94640.0
3	神威·太湖之光	中国	93014.6

续表

排名	超级计算机	国家	浮点运算速度(TFlop/s)
4	天河二号	中国	61444.5
5	Piz Daint	瑞士	21230.0
6	Trinity	美国	20158.7
7	ABCI	日本	19880.0
8	SuperMUG-NG	德国	19476.6
9	Titan	美国	17590.0
10	Sequoia	美国	17173.2

资料来源：国际TOP500组织。

企业加大"人工智能+高性能计算"产品研发力度。为了进一步提升产品的计算能力与智能化应用水平，企业纷纷推出有关产品，支持人工智能、高性能计算、云计算等多项技术。如Nvidia在2018年5月推出的HGX-2云服务器平台，是第一款人工智能和高性能计算的统一平台，可以实现包括科学计算和模拟在内的应用，如天气预报以及人工智能模型（如深度学习神经网络）的训练和运行，适用于图像和语音识别以及自动驾驶汽车的导航等多场景；AMD于2018年11月推出的Radeon Instinct MI60/MI50，是专为下一代深度学习、高性能计算、云计算和渲染应用程序而设计的加速器，也是世界上第一个具备7nm GPU的数据芯片。国内方面，联想、华为、浪潮等企业也在人工智能融合高性能计算的技术上不断探索，例如联想发布的"高性能计算+人工智能"超算平台LiCO，在高性能计算软硬件平台上整合支撑了各种深度学习应用，融合了主流的人工智能框架；华为在2018年底宣布与全球领先的集群和云基础设施自动化软件公司Bright Computing开展合作，计划提供基于ARM和人工智能技术加速的智能高性能计算解决方案。

2. 高性能计算向开放、灵活、多元、低功耗的架构演进

高性能计算与人工智能融合发展正在逐步深入，但也存在一些挑战，是未来技术研发突破的重点。一是开放的架构和丰富的软件生态。传统高性能计算采用封闭计算，软件生态薄弱是市场普及的最大阻力，开放的架构、丰富的软件生态，是构成人工智能的高性能计算解决方案的重要基础。二是平台的扩展能力。随着对计算机系统性能的要求不断提高，高性能计算平台既需要提供模块化部署，也应具有较强的扩展能力，使高性能计算与存储、网络等在性能和可扩展性上形成更佳的匹配。三是架构的多样化。面对计算密集型、I/O 密集型和访存密集型等不同特征的多元化应用场景，需要显著提高高性能计算系统灵活性，通过创新计算、存储、网络等技术架构设计，提供定制化的解决方案，以应对多样化应用需求的挑战。四是系统的功耗问题。降低功耗是高性能计算硬件创新的重要方向，在数据量以 EB 级速度增长的情况下，高性能、低功耗成为高性能计算发展趋势，要对整个计算流程，从上层应用算法到底层硬件芯片进行优化和创新，如将数据移动转化为任务迁移，更新机房冷却系统、机箱液冷技术和专用低功耗计算芯片设计等。

3. 高性能计算跨领域融合应用将持续深化发展

随着技术不断成熟，高性能计算与大数据、云计算、人工智能等新兴技术领域融合发展将逐渐深入，应用范围也将越发广泛。

基于高性能计算的大数据分析市场前景广阔。大数据与高性能计算结合衍生出高性能数据分析（High Performance Data Analysis, HPDA）技术，在不同领域创造出全新的应用解决方案，成为行业发展趋势。IDC 数据显示，目前有 67% 的高性能计算资源用于高性能数据分析，而欺诈检测、舆情分析和推荐系统的需求就是其中较为典型的应用。随着大数据时代的到来，高性能数据分析应用将成为高性能计算的强力增长点，推动高性能计算市场持续扩大。

高性能计算与人工智能融合应用领域持续深入。高性能计算与人工智能的结合为未来提供了更多的技术实现手段，高性能计算技术不断提升，加速芯片性能显著提高，为人工智能算法落地提供坚实的基础。智能推荐系统、语言翻译、图像识别等人工智能应用将越来越多地与高性能计算相结合，机器学习与传统高性能计算技术的融合应用领域将愈发广泛。

云平台促进技术应用普及扩展。受成本和技术限制，企业部署大规模集群的门槛较高，而基于云计算理念构建的服务，能够有效平摊设备购置成本，简化技术细节，降低运维成本。亚马逊 AWS、阿里云等大型云提供商已经推出云上高性能计算服务，国内许多超算中心也推出了超算云，用户仅需接入云厂商提供的 HPC 端口，即可根据需求购买和使用计算资源。未来随着技术和市场认可度的提升，高性能计算技术应用有望向中小型企业普及。

五　开源开放促进人工智能跑出创新加速度

深度学习开源框架是人工智能研究领域中的重要方向，成为推动人工智能技术发展的重要动力。深度学习作为人工智能领域最核心的技术，提供了传统方法无可比拟的优势。各个人工智能领域的 IT 巨头如谷歌、IBM、微软、亚马逊、脸书、百度、腾讯等争相开源（见表3）。

1. 谷歌第二代人工智能学习系统 TensorFlow

TensorFlow 是由谷歌公司开发的目前最受欢迎的开源深度学习框架，支持在多 GPU 上运行深度学习模型。该框架的主语言是 C＋＋和 CUDA，但还支持 PythonHaskell、Java、Go 和 Rust 等不同语言类型的 API，丰富的 API 接口不仅提供多重训练模型，还方便实现算法的不断改进。对于开发人员来说可以优选擅长的语言编码开发，比较容易上手。该框架生态完备、功能全面，拥有大量实用网络结构模型，被广泛应用于图像识别、图片分类、语音处理等深度学习领域，其生态下的推理端 TensorFlow Lite 可以转移训练后的模型至移动端进行预测。同时，TensorFlow 具有高度的灵活性和稳定性，计算图和低层次 OP 描述计算使该框架成为优质的底层框架，经过高层封装之后支持不同种类的学习算法，例如卷积神经网络、循环神经网络等，通过不同组合得到多种网络模型。

2. 加利福尼亚大学深度学习框架 Caffe

Caffe 是 2014 年加利福尼亚大学伯克利分校的博士生贾扬清开发的一个开源深度学习框架，之后脸书推出的 Caffe2 沿袭了大量 Caffe 的设计并解决了一些瓶颈，然而现阶段 Caffe2 还不能完全替代 Caffe。Caffe 可以支持高速计算机视觉领域的训练，在图像处理领域优势明显且生态积累深厚，被广泛应用于人脸识别、图像视频内容识别等领域。Caffe 作为老牌深度学习框架，积淀了大量的相关文档和教程，对使用者来说极易上手。同时，该框架具有较强的灵活性，拥有丰富的开源扩展功能，可以在多机多 GPU 上进行分布式训练。

3. 脸书深度学习框架 Torch

Torch 是脸书在 2016 年宣布开源的深度学习框架，其开源的内容包括可以加速深度学习速度的深度学习模块以及可以提高 GPU 卷积层的基于 FFT 的卷积层代码。2017 年脸书改编基于非主流语言 Lua 的深度学习库，升级为使用 Python 的 PyTorch，增强了该框架的易用性。PyTorch 具有速度快的特点，可以依托强大的 GPU 加速进行张量计算以及构建和训练神经网络的自动微分机制。此外，PyTorch 的灵活度也很高，不同于其他模型需要先定义整个计算图的库，PyTorch 允许动态定义图。

4. 微软深度学习工具包 CNTK

2016 年 1 月，微软正式开放微软深度学习工具包 CNTK，目前已被全球各地的公司和组织用于神经网络的创建和训练。相比于其他主流框架，CNTK 具有优秀的交互能力和语音及图像识别速度，在智能语音语义领域优势明显。该框架对 C++ 和 Python 具有良好的兼容性，可以帮助开发者更快上手。此外，开发者可以利用 CNTK 强大的可拓展性在多台计算机上进行 GPU 的拓展。微软本身也将其利用在自己的 Windows 平台和 Cortana 机器人上。

5. DMLC 深度学习框架 MXNet

MXNet 作为亚马逊公司官方选择的深度学习框架，是一个非常全面的框架，具有高度的兼容性和灵活性。对比重视灵活性的其他框架，MXNet 整合不同编程模型并执行调度，向用户开放全面的神经网络模块。可支持 C++、Python、R、Julia、Scala、Javascript、Matlab、Go 等多种语言，包含众多模型算法，同时支持命令和符号编程模型。此外，MXNet 可以实现从云端到客户端的移植，可以在各种不同结构的 CPU、GPU 甚至是移动智能手机上运行。

6. 百度深度学习框架 PaddlePaddle

PaddlePaddle 是由百度开发的我国首个自主研发开源的深度学习软件框架，易用性强并支持工业级应用。该框架支持 CPU 以及 GPU 多机多卡并行，高效灵活，功能全面，并能通过对现成算法的封装、使用，直接应用成熟稳定的模型来进行训练。同时，PaddlePaddle 的工业性能强，有力地支撑海量数据处理的应用场景和上亿级别的模型参数，利于运行大规模模型。该框架还具有独特的中文支持特点，可以直接应用于函数模型，易于本土使用者上手。

众多的热门深度学习平台主要以 C++ 和 Python 为基础语言开发实现。从网络和模型能力的角度来看，Theano、Torch、TensorFlow 三者的支持性非常好，更占优势；从模型部署来看，Caffe 是基于 C++ 的，因此可以在多种设备上编译，具有跨平台性，在部署方面是最佳选择，Torch 的模型运行需要 LuaJIT 的支持，对集成造成了很大的障碍，使它的吸引力不如 Caffe、CNTK、TensorFlow 等直接支持 C++ 的

表3 国内外主流深度学习开源框架

平台名称	Caffe/Caffe2	Torch	Theano	TensorFlow	MXNet	CNTK	Paddle-Paddle	Keras	Deep-Learning4J	PyTorch
公司	加利福尼亚大学/脸书	脸书	蒙特利尔大学	谷歌	DMLC	微软	百度	fchollet	DeepLearning4J	脸书
主语言	C++	Lua	Python	C++	C++	C/C++	C++	Python	Java	Python
从语言	Python, Matlab	—	—	Python	Python, R, Julia, Scala, Javascript, Matlab, Go	Python, C#	Python	—	Scala	—
硬件	CPU, GPU	CPU, GPU, FPGA	CPU, GPU	CPU, GPU mobile	CPU, GPU mobile	CPU, GPU	CPU, GPU	CPU, GPU	CPU, GPU	CPU, GPU, FPGA
速度	快	快	中等	中等	快	快	快	快	快	快
灵活性	一般	好	好	好	好	好	好	好	好	好
操作系统	所有系统	Linux OSX	所有系统	所有系统	所有系统	所有系统	Linux OSX	所有系统	所有系统	所有系统
同生态推断软件框架	Caffe2 go	—	—	Tensor-Flow-Lite	—	—	Paddle-mobile	—	—	—
推理框架移动端操作系统	Android	—	—	Android	—	—	Android	—	—	—
	iOS	—	—	iOS	—	—	iOS	—	—	—
Github上Star的分数	26727	8169	8640	118002	15948	15644	7972	37136	10147	23546
处理端	云端	云端	云端	云端	云端	云端	云端	云端	云端	云端
	移动端			移动端	移动端	移动端	移动端	移动端		移动端

资料来源：国家工业信息安全发展研究中心整理。

框架；从运行速度来看，在单 GPU 的场景下，Caffe、CNTK、Torch 简单快速，TensorFlow 和 Theano 较慢，在多 GPU 场景下，CNTK 相较于其他的深度学习工具包表现更好，它实现了 1-bit SGD 和自适应的 minibatching；从架构层面看，TensorFlow 和 Torch 的架构非常清晰，采用模块化设计，支持多种前端和执行平台，Theano 的架构比较弱，它的整个代码库都是 Python 的，且 C/CUDA 代码也被打包为 Python 字符串，这使它难以导航、调试、重构和维护；从跨平台的角度来看，Caffe、CNTK、Theano 都能在所有的系统上运行，而 TensorFlow、Torch、PaddlePaddle 则不支持 Windows。

B.6
应用技术水平提升推动人工智能走向实用

王茜硕　张熠天*

摘　要： 当前，人工智能技术应用渗透速度不断加快，人工智能从幕后逐渐趋向实用。在人工智能产业的爆发期，图像识别、自然语言处理、智能语音三大基础技术推动人工智能逐渐走向实用。2018年，计算机视觉迎来了技术大爆发的一年，多项技术不断取得突破，推动计算机视觉产业落地。自然语言处理技术在探索中稳步前行，面临技术落地需求与挑战并存的阶段。智能语音作为最早落地的人工智能技术，在各种应用场景下的准确度和可靠性得到大幅提升，使语音识别技术进入了新的应用阶段。

关键词： 图像识别　自然语言处理　智能语音　深度学习

一　计算机视觉技术率先突破并逐步落地

计算机视觉是一个跨领域的交叉学科，包括计算机科学（图形、

---

* 王茜硕，计算机专业硕士，主要跟踪国内外智能语音、计算机视觉、芯片等多个领域企业、战略规划和产业发展动向；张熠天，博士，国家工业信息安全发展研究中心工程师，主要跟踪研究国内外人工智能在智能语音、图像处理、无人车和机器人领域的战略规划和产业发展动向。

算法、理论、系统、体系结构），数学（信息检索、机器学习），工程学（机器人、语音、自然语言处理、图像处理），物理学（光学），生物学（神经科学）和心理学（认知科学）等。作为一个科学学科，计算机视觉研究相关的理论和技术，试图建立能够从图像或者多维数据中获取信息的人工智能系统。计算机视觉技术的具体表现形式是图像分类、目标识别、目标检测、目标跟踪、行为分析、语义分割和实例分割等。其中，图像分类和目标检测是计算机视觉研究中的基本问题，也是图像分割、目标识别、目标跟踪等更高层视觉任务的基础。截至目前，图像分类、目标识别和目标检测技术在数据集上表现良好，取得了一定的突破。

1.2018年是计算机视觉技术大爆发的一年

多项技术逐渐取得突破。谷歌、微软、百度、阿里、旷视科技、商汤科技、腾讯等各大企业都致力于计算机视觉的研发以及产业化落地。谷歌提出BigGAN大规模生成对抗网络，该网络通过引入正交正则化极大地提高了GAN的性能，能够生成具有丰富的背景和纹理的逼真图像。澳大利亚科学家Jeremy Howard提出Fast.ai，一种新的训练方法，用18分钟在ImageNet上将图像分类模型训练到了93%的准确率，创造了训练速度的新纪录。旷视科技提出了用于语义分割的判别特征网络DFN，有效解决了类内不一致和类内无差别两个问题，提高了复杂的图像和场景的理解力，有助于从根本上推动人工智能技术深度应用于自动驾驶、手机影像、医疗影像等领域。

2.提高训练数据质量及优化计算模型是提升计算机视觉技术的突破口

目前效果最好的计算机视觉技术都依赖深度学习，因此，计算机视觉技术在发展过程中受到一些瓶颈约束。一是大量的训练数据导致无法满足长尾需求，深度学习模型训练在大多数情况下还是以监督学习为主，而监督学习的开展需要大量的人工标注训练样本，这个过程往往会耗费较长的时间，也需要投入大量的人力。二是数据质量的不稳定性带来的不可靠、不准确，以及不公平。深度学习的结果取决于输入的数据质量如何。神经网络中不准确、不完整的输入数据，会导致结果出现很大偏差。比如谷歌图片错把非裔美国人当作猩猩；而微软曾经试着将人工智能放在 Twitter 上进行学习，几个小时之后，它就变得充满恶意，满口脏话，带有严重种族歧视。三是理论尚不完善，缺乏可解释性。尽管深度学习和深度网络在图像分类、目标识别和目标检测等领域取得了"变革性"成果，但是，将深度学习模型应用于目标检测时还缺乏足够的理论支撑，学习到的模型的可解释性较弱。理论的不完善导致研究时缺乏充分的原理性指导，在设计新的模型时往往只能凭借经验和运气。因此必须进一步完善深度学习理论，为改进模型结构、加速模型训练和提高检测效果等提供指导。四是模型复杂度高，优化困难，计算强度高。神经网络一个重要的优点就是表达能力强，但复杂的模型也给优化带来了很大的困难。模型越复杂，能量面越高低不平，优化过程中极小点就越多。此外，对深度学习来说，输入一个视觉信号，所有的神经元都会进行运算，模型越复杂，计算强度越大，深度学习模型往往需要依赖 GPU 等硬件来支持。五是目前的深度学习仅仅停留在浅薄的层面模仿人脑行为。正因如此，它有时表现出较低的智能水平。确实，反向传播不是在深度研究大脑、剖析思想构成的过程中发现的。机器像动物一样，在反复试验的过程中学习。它在发展过程中的大多数跃进并未涉及神经科学的新理念；这些进展是数学和工程学多年的技术进步。我们所知道的智能，在无限的未知面前根本不值一提。

3. 反馈机制、信息融合和迁移学习成为计算机视觉技术发展的重点方向

虽然计算机视觉技术迅猛发展并且商业落地场景广阔，但要想更加有效解决应用行业的痛点，扩大市场发展空间，还需在以下几个方

面开展研究。一是探索具有"反馈机制"的层次化网络。人类视觉系统中的视皮质区自顶向下的反馈连接在数量上远远超过前馈连接。研究者普遍认为这些反馈连接起主要作用，而前馈连接更多是作为定向信息的载体。在反馈神经网络中，信息的处理流向存在回环递归，能够实现联想记忆。而深度学习系统有一个缺点，那就是在用新数据进行训练来微调网络的时候，会破坏原有的记忆能力。网络会"遗忘"过去所学的东西。因此，"反馈机制"将是一个重点研究方向。二是利用多模态信息融合。随着计算机视觉越来越成熟，一些计算机视觉解决不了的问题慢慢就会更多地依赖于多个传感器之间的相互保护和融合。多模态信息融合旨在将多个模态信息整合以得到一致、公共的模型输出，是多模态领域的一个基本问题。多模态信息的融合能获得更全面的特征，提高模型鲁棒性，并且保证模型在某些模态缺失时仍能有效工作。在缺乏标注数据、样本存在大量噪声以及数据收集质量不可靠时，可通过不同模态间的知识迁移提高质量较差模态的性能。这是由于不同模态所包含的信息不尽相同，多模态信息的有效利用可以从一种模态中学到的信息来补充和完善另一种模态数据的训练。其中协同训练、零次学习等问题在视觉分类、音声识别等方面得到广泛的应用。因此，如何挖掘得到尽可能多的模态间的不同信息来促进模型的学习是一个很有价值的研究方向。三是探索迁移学习的算法研究。迁移学习，是将源领域学习到的知识应用到目标领域中。其中，源领域和目标领域的数据遵循不同的分布。例如，ImageNet 是目前最大的图像识别数据库，目前已经有很多基于 ImageNet 数据训练的网络模型。基于迁移学习，可以把 ImageNet 或其他大型数据集学习到的网络特征运用于一个图片分类或其他基于图片特征的任务。另外，还可以通过迁移学习把一个通用的用户使用手机的模型迁移到个性化的数据上面。因此，探索迁移算法研究以解决标记数据量不足和个性化问题，是一个重要研究方向。

二 自然语言处理技术在探索中稳步发展

1. 深度学习算法推动自然语言处理技术快速发展

自然语言处理技术（Natural Language Processing，NLP），是指用计算机对自然语言的形、音、义等信息进行处理。自然语言处理的具体表现形式包括机器翻译、文本摘要、文本分类、文本校对、信息抽取、语音合成、语音识别等。自然语言处理机制涉及两个流程，包括自然语言理解和自然语言生成。自然语言理解是指计算机能够理解自然语言文本的意义，自然语言生成则是指能以自然语言文本来表达给定的意图。自然语言的理解和分析是一个层次化的过程，许多语言学家把这一过程分为五个层次，可以更好地体现语言本身的构成，五个层次分别是语音分析、词法分析、句法分析、语义分析和语用分析（见图1）。

语音分析 → 词法分析 → 句法分析 → 语义分析 → 语用分析

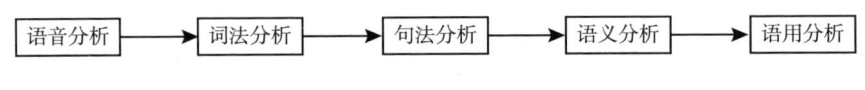

图1 自然语言理解层次

资料来源：AMiner，《2018自然语言处理研究报告》。

RNN、GRU、LSTM等算法模型推动自然语言处理技术落地应用。从2008年起，国内外研究团队逐渐开始引入深度学习来做自然语言处理研究，由最初的词向量到嵌入式词向量word2vec，将深度学习与自然语言处理的结合推向了高潮，并在机器翻译、问答系统、阅读理解等领域取得了一定成功。循环神经网络（RNN）是自然语言处理最常用的方法之一，门控循环单元（GRU）、长短期记忆网络模型（LSTM）等模型相继引发了一轮又一轮的热潮。近年来，我国自然语言处理研究进入了高速发展期，一系列系统开始了大规模的商品化进程，自然语言处理在研究内容和应用领域上不断创新。目前自然语言处理的研究可以分为基础性研究和应用性研究两部分，语音和文本是两类研究的重点。由于我国基础理论即机器翻译的研究起步较早，且基础理论研究是任何应用的理论基础，所以语法、句法、语义分析等基础性研究历来是研究的重点，而且随着互联网网络技术的发展，智能检索类研究近年来也逐渐升温。目前，自然语言处理的主流技术已经逐渐由以统计机器学习为主向以深度学习为主的模型算法转变。以往统计机器学习算法的性能主要依赖两个因素：一是针对不同任务的统计模型和优化方法，二是相应的大规模语料库。近几年得益于神经网络模型算法的快速进展和大规模新闻、社交、购物等文本数据、语音数据或者视频数据的不断积累，自然语言处理技术实现飞跃式的进步。诸如谷歌、微软、腾讯、百度等各大人工智能企业都致力于解决文本挖掘、机器翻译、语义理解、情感分析、智能交互等领域的问题，持续不断地对原有产品的算法、模型进行优化与革新。2018年，谷歌团队开发了一项名为 MnasNet 的技术，该技术是一种自动化神经网络架构搜索方法，通过增强学习设计移动化机器学习模型；同年，谷歌 AI 团队发布的 BERT 模型在机器阅读理解顶级水平测试 SQuAD1.1 中表现突出，全部两个衡量指标上全面超越人类，并且在 11 种不同自然语言处理测试中创出最佳成绩。Facebook 团队研发了一种机器翻译的新方法，该方法只需要使用单一语言语料库，就能解决缺乏资料语言的问题；同年，Facebook 的人工智能研究小组开发了一项新技术，能将人工智能模型运行效率提升 16%，大大提高了人工智能模型的训练速度，并简化模型的量化和运行。百度发布了 Deep Voice 3，该系统是一项基于单调注意力机制、完全卷积的文字语音转换神经系统，比目前的循环系统在神经语音合成方面快几个数量级。

2. 自然语言处理技术发展面临可用数据缺乏及语义约束不完善的问题

目前自然语言处理技术发展主要有两大瓶颈，一是大规模语料数据的建设，主流的自然语言处理技术是以统计机器学习为基础的，这需要大规模的语料库。大规模语料库需要人工构建，费时又费力；任何语料库无论大小类型，都难以囊括某个领域的全部案例，同时，语料库的标注体系往往难以把握，训练出来的模型健壮性差；同时还需要从模型和算法方面去研究如何利用大量的无人工标注或部分标注的数据。二是语义分析的进一步完善，目前业界常用的语义分析方法主要基于知识或语义学以及统计学，第一种方法无法覆盖全部语言现象，推理过程复杂，无法处理不确定性事件，规则间的相容性和适用层次范围存在缺陷和限制；第二种方法则过多地依赖于大规模语料库的支持，性能取决于语料库的优劣，易受数据稀疏和数据噪声的干扰。

3. 未来自然语言处理技术需注重深度学习模型优化

自然语言处理技术的发展受到诸多因素的影响，主要有数字化数据的激增、智能设备功能的不断成长以及人们对顾客体验越来越高的要求。自然语言处理技术要想在人工智能领域生存下去并有机会在竞争中胜出，还需在以下几个方面开展重点研究。一是深度学习模型在更多自然语言处理任务上的定制化应用。例如将过去统计机器翻译的成熟成果迁移到神经网络模型上，基于深度学习的情感分析。二是带有隐变量的神经网络模型。很多自然语言处理任务传统主要基于隐马尔科夫模型（Hidden Markov Model，HMM）、条件随机场算法（Conditional Random Field Algorithm，CRF）方法对标注标签的关联关系建模，而单纯的神经网络模型并不具备这个能力，因此一个关键点将是在神经网络模型中引入隐变量，增强神经网络的建模能力。三是注意力机制的广泛应用。大量工作已经证明注意力机制在文本产生中的重要性，未来各种带有注意力机制的神经网络模型将成为主流。

三 智能语音从技术到产品落地艰难前行

智能语音技术,是用于实现人机语言通信的技术,主要包括语音识别技术(ASR)和语音合成技术(TTS)。语音识别技术其目标是将人类的语音转换为文字作为计算机的输入,语音识别技术的应用包括呼叫中心、语音导航、智能家居、语音搜索、语音助手、智能客服、语音转录和语音输入法等。语音合成技术是将计算机自己产生的或外部输入的文字信息转变为可以听懂的、自然的语音输出的技术。

1. 语音识别技术多采用统计模式识别系统

经典的语音识别系统的基本模块构成主要有信号处理及特征提取模块、声学模型、发音词典、语言模型、解码器等。随着人工智能技术快速发展,语音识别技术已达到端到端的语音识别系统,同时语音识别技术开始被广泛关注,国外的谷歌、IBM、微软、亚马逊、苹果、Nuance,国内的科大讯飞、百度、阿里、思必驰、搜狗、云知声等企业都在研发语音识别新技术和新产品,我国语音识别技术的研究水平已经基本上与国外同步,同时在汉语语音识别技术上拥有自己的特点与优势,已达到国际先进水平。剑桥大学、伯克利大学、斯坦福大学等机构的语音识别系统的性能在某些方面已经明显优于传统的隐马尔科夫模型(Hidden Markov Model,HMM)系统。中科院自动化所针对语音识别系统在噪声环境下识别性能下降的问题,提出了用深度对抗和声学模型联合训练的框架,目前已在光学字符识别(OCR)、鲁棒性语音识别和语音增强等领域取得多项优秀成果。2017年8月,微软语音识别系统在公共数据集Switchboard上达到人类专业水平,词错误率由5.9%进一步降低到5.1%,可与专业速记员比肩。2018年,谷歌AI研究团队在

Diarization 的高性能模式上取得了突破进展，该系统核心算法实现了对于实时应用程序而言足够低的在线分类错误率，错误率由 8.8%降低到 7.6%。2018 年 6 月讯飞语音识别率从 97% 提升至 98%，讯飞输入法支持扩至 23 种方言，处于行业领先水平。2019 年 1 月 16 日，百度推出"AI－新输入全感官输入 2.0"输入法，该输入法采用流式截断的多层注意力建模（SMLTA），将在线语音识别精度提升了 15%，并在世界范围内首次实现了基于 Attention 技术的在线语音识别服务大规模在线应用。

2. 语音合成技术目前主要采用波形拼接合成和统计参数合成两种方式

波形拼接语音合成需要有足够的高质量发音人录音才能够合成高质量的语音，它在工业界中得到了广泛使用。统计参数语音合成虽然整体合成质量略低，但是在发音人语料规模有限的条件下，优势更为明显。随着深度学习逐渐被运用到语音合成技术中，语音合成技术得到快速发展。国外的英国爱丁堡大学 Simon King 教授，卡耐基梅隆大学 Alan W. Black 教授，日本和歌山大学 Kawahara 教授，谷歌 Heiga Zen 所在的实验室均为国际顶级实验室；国内中科大、中科院自动化所、中科院声学所、清华大学、西北工业大学等研究机构都在语言学、听觉与发声机理、自然语言分析、深度学习、信号处理等语音合成技术诸多领域开展研究。2016 年谷歌提出了 WaveNet 方案，2017 年提出了端到端的 Tacotron 方案，一直到 2018 年谷歌提出的 Tacotron2 方案，将两者进行了融合，形成了目前语音合成领域的标杆性系统。在此过程中，也有 DeepVoice、SampleRNN、Char2Wav 等很多有价值的研究成果，大大促进了语音合成技术的发展，吸引了越来越多的研究者参与其中。2018 年 4 月，阿里提出了用于语音合成的深度前馈序列记忆网络系统，该系统在达到与基于双向长短时记忆单元的语音合成系统一致的主观听感的同时，模型大小只有后者的 1/4，且合成速度是后者的 4 倍，非常适合于对内存占用和计算效率非常敏感的端上产品环境。2018年6月，百度硅谷人工智能实验室的研究员提出了一种全新的基于WaveNet的并行音频波形端对端生成模型ClariNet，合成速度比起原始的WaveNet提升了数千倍，可达实时合成速度的十倍以上。2018年7月，科大讯飞在Blizzard Challenge国际语音合成大赛中，在相似度、自然度、错误率、段落总体感觉4项测评中获得全能冠军，达到世界领先水平。2018年9月，微软在Ignite大会上推出新的神经文本—语音合成（TTS）技术，该技术利用深度神经网络，使计算机合成的声音几乎与真人的录音无异，使微软在文本到语音合成方面达到了一个新的里程碑。

3. 智能语音技术发展仍面临人机互融难题

随着人工智能的快速发展，智能语音技术在快速发展的过程中难免遇到诸多技术瓶颈。语音识别技术面临的难点主要为：一是语音识别系统对环境敏感，当测试数据与训练数据不匹配时，系统性能下降比较明显；二是远场语音识别，当人离麦克风超过2米时，识别率急剧下降，如何运用波束形成与语音增强技术提高远场语音识别技术是目前的挑战；三是当存在多个人说话时，即鸡尾酒会场景，很难识别出特定说话人的语音内容。语音合成技术面临的难点主要为：一是基础技术形成，目前语音合成技术正处于重大变革过程中，端到端的语音合成建模方法，以及进一步解决WaveNet的声码器等问题成为亟待解决的问题；二是数据缺乏，特别是个性化语音合成技术，需要巨大的数据量，同时数据的获取（制作）成本和周期也增加了技术难度。

4. 智能语音技术未来发展注重市场需求

随着人工智能市场需求的不断变化，加上深度学习与智能语音技术的结合，未来智能语音技术重点研发方向也将更加明朗。语音识别技术未来重点研发方向：一是增强系统的鲁棒性；二是解决远场语音识别准确率低的难题；三是有效解决鸡尾酒会问题，有效地对语音进行分离，为语音识别提供基础保障。语音合成技术未来重点研发方向：一是不同语音风格的语音技术合成；二是情感语音技术合成，在端到端建模的基础上做自适应有助于提升情感语音合成效果；三是降低端到端的 WaveNet 计算量，目前只有谷歌在此方面做了并行化，其他机构研究相对较少。

融合篇

Integration Reports

B.7 人工智能与实体经济融合初见成效

梁冬晗 张倩 李玮 于波 赵杨*

摘 要： 随着深度学习、图像识别、语音识别和自然语言处理等技术的迅速发展，人工智能已经在信息化程度高、容错率较大、商业模式较成熟的场景以渗透的方式快速融合。从融合广度上来说，人工智能已经在制造、医疗、教育、金融、物流、交通、安防、家居、客服、零售等多个场景得到应用。从融合深度上来说，仅在安防、客服等场景有较为深入的应用，在制造、教育、

---

* 梁冬晗，国家工业信息安全发展研究中心工程师，研究方向为人工智能、电子信息产业等；张倩，国家工业信息安全发展研究中心高级工程师，硕士，研究方向为电子元器件、人工智能、物联网；李玮，国家工业信息安全发展研究中心助理研究员，研究方向为大数据；于波，北京航空航天大学博士研究生，研究领域为多电飞机作动系统人工智能设计方法；赵杨，国家工业信息安全发展研究中心工程师，研究方向为人工智能、车联网等。

医疗、金融等场景具有不同程度的单点式应用，尚未形成完整的解决方案。

关键词： 人工智能　融合　制造　安防　金融　医疗

一 "人工智能+安防"：海量数据助推应用落地

安防行业拥有海量且层次丰富的数据，能够满足人工智能算法模型训练的需求，是人工智能发挥强大作用、实现应用价值的优势领域之一。国外企业关注人工智能在自然灾害监测预警方面的潜力，而国内企业则更关注人工智能赋能公共安全领域。中国引领全球智能安防市场，传统安防巨头和人工智能创新企业共同推进"人工智能+安防"发展。

1. 安防是率先实现人工智能落地应用的领域之一

安防行业是计算机视觉、生物特征识别等技术落地应用较为快速的行业。通过深度学习、语音识别、图像识别、视频结构化及大数据分析等技术赋能安防，能够提升分析、检索效率，将原来的被动防御发展成主动防御，满足安防领域"事前预警事中控制"的诉求。全球各主要国家积极布局人工智能在安防领域的应用。2018年，美国重点关注将人工智能用于国防情报搜集和分析领域，如将人工智能引入国家太空战略，利用"人工智能+卫星"模式，进行定位、通信、预测气象、军事侦察、导航、预警等活动，以提升美国航天作战能力；韩国宣布计划在五年内投入20亿美元用于在国防、生命科学和公共安全领域应用人工智能解决方案；中国多次提及将人工智能应用于公共安全领域，进行技术创新、产品和应用创新。

2.国内外企业开发"人工智能+安防"产品切入点不同

国外企业侧重于开发人工智能在灾害监测预警方面的应用，探索如何监测并预测自然灾害发生的时间，以应对自然灾害的"突袭"，减少各方面损失。例如，谷歌公司通过将美国联邦应急管理署等政府机构的警报整合至谷歌地图以及搜索引擎等应用程序中，从而向用户发出自然灾害预警。此外，谷歌还与印度中央水务委员会达成合作，向印度用户发出洪水预警。除了洪水灾害外，人工智能对于台风、泥石流的预测应用也逐步展开。在美国，IBM 为美国安大略省电力公司开发了一款人工智能工具，可以利用气象公司观察的实时数据，预测台风（飓风）的严重程度和严重的区域，从而提前布置电工，以帮助城市快速恢复供电。微软 2018 年通过 AI for Earth 平台向环保组织提供精确的高分辨率地图，监测并提供地球状态信息。在预测泥石流方面，日本大阪大学开发出了一款人工智能系统，通过结合降水量预告、分析降水临界点时间、测量斜面上的水分含量和倾斜度的传感器，预测降雨之后斜面的水分含量，来判断是否发出泥石流预警。中国企业主要将人工智能用于公安领域，公安部门成为我国人工智能赋能安防领域的切入口。依图科技在飞机场、火车站等公共场合部署"蜻蜓眼"，进行人脸识别、车辆车型识别、文字识别、目标跟踪、图像特征搜索；旷视科技与沈阳地铁公安分局合作，在各地铁站内广泛布控智能人脸抓拍前端产品，并将旷视科技的智能视频查控系统嵌入地铁站的视频监控系统。

3."人工智能+安防"解决方案将从中后端向前端前移

对于"人工智能+安防"而言，有前端和中后端两种解决方案。前端方案是将人工智能芯片集成到摄像头中，在检测、跟踪、去重后，把识别对象的照片流通过网络传到后台，实现视频采集智能化。中后端方案则是利用普通摄像机采集视频信息后传输到中后端，在数据存储前利用智能服务器进行汇总分析。中后端解决方案是当前

"人工智能+安防"市场的主流。由于中后端方案不需要更换摄像头，可同时处理多路数据，部署成本相对较低，算法升级、运维方便，因此中后端方案普及速更快，成为当前主流。未来，安防领域的智能化将从后端智能向前端智能前移。目前有很多智能算法能够在前端实时运行，如进入/离开区域、徘徊、越界、停车、快速移动、人员聚集、物品拿取/遗留、人脸检测等。2018年，安防行业龙头海康威视、大华股份已经在智能摄像头上使用了人工智能芯片，很多算法可以在前端实时运行；华为发布第一代人工智能摄像机，通过在摄像机中内置深度学习方法，并通过海量人脸数据训练人脸识别算法，从而在非约束场景下实现精准定位和精确捕获。

4. 中国智能安防技术、产品和应用解决方案逐步引领全球产业发展

中国制造商已经成为国际市场主要产品的制造源地，海康威视、大华等传统安防厂商也已成为世界型公司。海量视频数据以及传统录像摘要分析的低效，已经不能适应如今安防管理的需求，需求升级换代催生了基于人工智能的智能安防产品。目前中国安防市场竞争格局以人工智能创新型企业和传统安防巨头两类企业为主。其中，基于人工智能的初创企业如云从科技、商汤科技和旷视科技等，其依托在计算机视觉、数据深度分析等方面的技术积累，推出智能安防产品，进行产业布局；传统安防巨头海康威视、大华股份等积极拥抱人工智能新技术，不断加强技术创新能力，并且对初创企业进行投资收购，逐步提升安防产品智能化水平。

二 "人工智能+制造"：丰富场景创造无限潜能

"人工智能+制造"是将人工智能技术应用于制造业，在数字化、网络化基础上实现自主化，提升制造业各流程环节的效率。核心特征包括以智能工厂为载体、以关键制造环节的智能化为核心、以端

到端数据流为基础、以网通互联为支撑。人工智能与制造业融合是新一轮产业变革的核心内容,是制造业高质量发展的必由之路,各国为此都出台了国家级发展战略,如德国的工业4.0,英国的高价值制造、人工智能发展计划,美国的先进制造、工业互联网,日本的机器人新战略、工业价值链,韩国的韩国制造业创新4.0。我国在2017年将"人工智能"上升为"国家战略",在2019年两会上李克强总理提出"智能+",深化大数据、人工智能等研发应用,为制造业转型升级赋能。

1. 全球智能制造发展仍较缓慢

虽然前景巨大,但由于工业系统的复杂性以及对可靠性的高要求,全球人工智能在工业领域的融合发展都较缓慢,包括最早提出工业4.0的德国。根据波士顿咨询公司在2018年4月对全球12个国家的1000余家制造企业人工智能使用情况的调查,全球使用人工智能技术的制造企业比例为50%;平均只有大约16%的企业是早期使用者[①];美国、中国、印度的早期使用者比例最高,分别是25%、23%和19%,日本、新加坡和法国的早期使用者最低,分别是11%、10%和10%,德国为15%;在所调查的八个行业中,运输和物流、汽车处于人工智能采用的最前沿,而工程产品和加工行业则最落后。

现阶段人工智能在制造业的赋能主要集中在工业互联网、缺陷检测、无序分拣以及智能搬运,根据数据服务平台饮鹿网的数据,上述各领域比例分别为13%、20%、4%和5%。分析原因,一是工业互联网、缺陷检测整体起步较早,发展时间长;二是无序分拣、智能搬运的人工智能准入点更高。另据饮鹿网对我国2012年至2018年第一季度人工智能制造领域融资事件进行统计的结果,统计企业数量为711家,共发生655起投资事件,总投资额为696亿元人民币,目前

---

① 波士顿公司将在工厂多个区域完全实施了多个AI解决方案的企业定义为早期使用者。

人工智能在制造领域的投融资多集中在A轮及以前，占比达53%，是B轮及以后的融资数量的2倍，反映出投资人对于人工智能制造的场景落地持观望态度。

2. 中国对智能制造需求迫切

近几年，随着中国人口红利逐步消失、原材料和人力成本不断攀升，我国制造业的全球竞争优势正在加速丧失，如我国的劳动力成本已是印度的3倍。同时，传统落后的制造管理模式也已无法满足日益多样化的市场需求，我国制造业发展面临严峻挑战。人工智能是引领我国制造业发展的关键技术，是促进实体经济发展的重点方向，是制造业数字化、网络化、智能化转型发展的关键领域，李克强总理在2019年两会期间提出"智能+"，强调人工智能为传统制造业转型赋能。但人工智能在我国制造业的应用仍极为不足。根据德国思爱普公司对我国过去三年最大的300项人工智能项目的投资情况分析，23.4%的投资在商业及零售领域，18.3%在自动驾驶领域，制造业领域相关人工智能投入不足1%。根据德勤公司的研究报告，中国企业智能制造五大部署重点依次为：数字化工厂（63%）、设备及用户价值深挖（62%）、工业物联网（48%）、重构商业模式（36%）、人工智能（21%）。

3. 智能制造将拉动GDP大幅增加

智能制造已经成为全球价值链重构和国际分工格局调整背景下各国的重要选择。借助工业化人工智能平台的技术支持，制造工厂转型为高效率数据科学企业，提升了制造业生产效率与经济效益，有效缓解了人力成本上涨压力并弥补了人类劳动者的不足，提高了生产柔性化程度，实现了低成本大规模定制，更好实现供需匹配，促进制造业服务化转型。制造业是最具潜力的人工智能应用场景。根据德国思爱普公司在2018年发布的数据，到2030年，在人工智能的推动下，全球将新增15.7万亿美元的GDP，中国占7万亿美元；到

2035年劳动生产率提升27%，对制造业GDP拉动达27万亿美元。智能制造不仅能够帮助制造型企业实现降本增效，也赋予企业重新思考价值定位和重构商业模式的契机。根据德勤公司在2018年发布的《中国智造，行稳致远——2018中国智能制造报告》，中国30%的受访企业未来商业模式以平台为核心，26%的企业走规模化定制，24%以"产品+服务"为核心向解决方案商转型，12%以知识产权为核心。

4. 企业需制订明确计划及建设配套能力实现突破

尽管制造类企业目前已高度认可人工智能是提高生产力、转型制造业的关键杠杆，但在下一步推进人工智能与制造业融合中仍面临四大挑战，包括全面的实施路线图、组织管理、员工在人工智能方面的能力和支撑性IT基础架构。根据波士顿咨询公司的报告，在实施路线图方面，尽管87%的企业表示已计划在未来三年内实施人工智能，但只有28%的企业建立了全面的实施路线图，其余72%的企业缺乏详细的计划，其中32%的公司正在测试选定的解决方案，27%的公司只有初步的想法，13%的公司则尚未考虑；在员工能力方面，93%的企业表示现有员工没有足够的能力来实施人工智能。企业要推进人工智能与制造的深度融合，首先管理层应明确对人工智能的态度，并制定全面可实施的战略，为人工智能的实施提供方向和指南。战略需聚焦于企业最有价值的使用场景，如解决特定业务需求和挑战，并与企业的整体数字战略保持一致。其次，管理层要确保整个组织对人工智能有清楚的理解和认识，并为人工智能的落地明确角色和责任，以及建立清晰的组织结构。此外，在员工人工智能能力方面，企业在做好统计员工现有能力的基础上，通过内外部培训帮助员工获得必要的人工智能技能，并按需引进在编程、数据管理和分析等方面具有较强人工智能技能的员工。最后，完善IT基础设施，为人工智能的落地提供基础。未来，制造业将从数字化不断向网络化和智能化方向发展,制造企业从以产品为中心向以用户为中心转变,服务和体验将成为制造业的竞争力。

三 "人工智能+金融":外部压力倒逼应用速度

"人工智能+金融"是指以人工智能为驱动力,通过为传统金融机构提供应用产品和解决方案,为金融行业各参与主体、各业务环节赋能,促进人工智能技术与金融场景的深度融合。"人工智能+金融"的发展是建立在"IT+金融""互联网+金融"的基础之上的,不断推动金融行业向信息化、智能化方向发展。据国家工业信息安全发展研究中心测算,2018年中国金融领域的人工智能支出约为166亿元,预计到2020年达200亿元,复合增长率约为10%。

1. "人工智能+金融"为传统金融业务赋能

人工智能从各个角度提升了金融行业运行效率,为金融业务发展提供了新思路和新方法,金融行业良好的数据基础和服务属性,使其成为最被看好的人工智能应用领域之一。传统金融机构如四大行、证券公司、互联网金融科技公司纷纷进行人工智能领域的布局,保守估计,2018年中国已经有500多家银行、100多家证券公司、50余家保险公司等进行人工智能方面的投入。

2. "人工智能+金融"发展环境不断优化,顶层设计不断完善

国务院发布《新一代人工智能发展规划》提出要建立金融大数据系统、提升金融多媒体数据处理与理解能力、创新智能金融产品和服务、发展金融新业态等。中国人民银行成立金融科技委员会,旨在加强对我国金融科技发展战略规划与政策指引,引导新技术在金融领域的正确使用,并丰富金融监管手段。

3. 行业发展倒逼金融机构使用人工智能

由于系统性的风险监测预警不足、监测客户违约能力缺失等因

素，传统的金融机构亟待改变监管思路，由事故发生后的被动式监管转变为利用人工智能等科技的主动式监管。以银行业为例，据银保监会官网数据，截止到2018年末，商业银行不良贷款余额达2万亿元，不良贷款率1.89%，较2016年、2017年1.74%的商业银行不良贷款率上升0.15个百分点，亟须借助技术手段转变监管模式。例如，平安科技凭借集团优势，利用充足的研发资金和金融场景，将"人工智能+金融"技术在内部先行先试，已经运用至集团内银行、保险、证券等业务，涵盖营销、运营、风控等环节。

4. 人工智能推动传统金融业务转型升级

依靠大数据、云计算、区块链等，通过机器学习、知识图谱、自然语言处理等人工智能技术驱动，提高了金融市场信息透明化程度，降低了资金供给方和需求方的交易成本，提高了资金运转效率。在人工智能推动下，传统的金融服务，如风控、投研、营销、保险等都得到了改造和升级，新兴的金融业务和应用场景不断涌现（见表1）。例如，蚂蚁金服利用人工智能对传统金融行业进行赋能，推动人工智能在金融行业的深度渗透，目前已经在智能客服、智能风控、智能保险等方面得到应用，根据最新一轮的融资情况，蚂蚁金服估值已经超过1500亿美元。

表1 "人工智能+金融"应用场景

应用场景	特点	代表公司
智能风控	结合人工智能进行信贷管理、风险欺诈、相关客户关联度分析	同盾科技、度小满金融、百融金服、明略数据
智能投研	对互联网信息、数据和研究报告进行整理分析，自动生成投资研究报告	慧博资讯、wind资讯、文因互联、通联数据
智能营销	有效结合线上和线下资源，利用人工智能进行自动分析，进行营销	达观数据、百分点、平安科技、明略数据

续表

应用场景	特点	代表公司
智能保险	人工智能辅助完成理赔、定损、审核等资料，快速进行赔付	众安科技、合金在线、亿保创元、数禾科技
智能投顾	通过人工智能综合评估用户的资产状况、投资偏好、财务理论，结合投资理论，为客户推荐定制化的理财方案	招商银行、量子金服、益海智投、陆金所
智能支付	利用人脸、指纹等生物识别技术支付；号牌自动识别支付等	蚂蚁金服、京东金融、云从科技、财付通
智能客服	线上全天候服务客人，线下进行分流引导	智齿客服、金融壹账通、平安科技、竹间智能

资料来源：国家工业信息安全研究中心整理。

5. 虽然人工智能在金融领域的应用正在逐渐落地，但是仍然面临复合型人才缺失、行业门槛高和数据安全问题

我国人工智能人才的培育起步晚，高端人才十分缺乏，尤其是跨金融和科技的复合型人才，缺乏对行业发展的前瞻研判是限制行业发展的主要因素；相对于其他行业，金融行业进入门槛高、行业风险大、业务复杂程度高，对技术赋能与行业认知融合理解要求相对严格，目前主要的参与厂商为科技巨头和大型金融集团，可能会因为组织架构等问题不能适应金融行业的快速发展，而初创企业存在资源受限的问题；金融机构拥有大量的客户数据与交易信息，内部关联程度较为复杂，而随着人工智能等技术的运用，不可避免地留下许多安全漏洞，数据泄密、信息盗取与恶意攻击时有发生，由此带来的一系列隐私保护与社会安全问题显得愈发严峻。

6. 未来，人工智能将成为金融行业发展的重要推动力

一是人工智能与其他新兴技术共同推动金融行业发展。新一代信息技术如云计算、大数据、人工智能和区块链实现协同发展，技术边界将会变得越来越模糊，在技术交叉和融合领域会产生更多的金融创

新,"人工智能+金融"基于金融云、金融大数据平台等推动金融发展进入新的阶段。二是利用人工智能进行金融监管是发展的趋势。传统的金融监管已经不能满足当下"人工智能+金融"新业态的监管需求,通过人工智能进行金融监管,能够让"一行两会"精准高效地完成风险的主动识别和控制,实现对金融市场的实时控制,是"人工智能+金融"的爆发点之一。三是"人工智能+金融"的规范和标准是未来行业发展关键。适应和满足金融行业属性的人工智能技术标准和应用规范,将越来越成为"人工智能+金融"场景化应用的关键措施。建立与完善"人工智能+金融"的技术标准和应用规范,是推动金融大数据进一步发展应用的重要保障。

四 "人工智能+医疗":技术突破引领商业突破

随着人工智能领域语音交互、计算机视觉和认知计算等技术的逐渐成熟,人工智能在医疗领域的各项运用变成了可能,成为落地应用的前沿阵地之一。"人工智能+医疗影像"加速落地,新技术成果频频问世。国际巨头或深耕已久或加速布局,合作与收购并举,持续发力医疗人工智能。

1. 医疗健康成为人工智能落地商业化的前沿阵地之一

人工智能技术几乎适用于智能医学影像、人工智能药物研制、虚拟助手、健康大数据等医疗健康的每个细分领域,通过不断变革、突破、创新,人工智能技术与医疗健康应用日渐融合。现阶段,逐步走向成熟的人工智能技术和政策红利推动了人工智能与医疗的融合发展,其在多个细分领域的运用落地情况也展现出人工智能医疗产业蓬勃发展的态势。各国在人工智能医疗领域发展的侧重点有所不同。美国加快人工智能医疗产品的审批步伐并积极进行数据收集与训练。2018年,美国食品药品管理局(FDA)加快审批人工智能临床成像和诊断软件的步伐，对人工智能医疗产品发出许可的数量，较过去几年明显大幅增长。截至11月，有接近20家公司的产品拿到许可。此外，美国国家卫生研究所（NIH）等政府机构也在促进人工智能研究。该机构2018年7月发布了一个数据库，包含3.2万个在CT影像中注释和标记的病灶，这是从4400名病人那里匿名获取的，用于进行深度神经网络训练；英国重点支持"人工智能+医疗影像"，英国投资5000万英镑建立了5个人工智能数字病理学成像中心，分别为牛津智能医学影像国家联盟、利兹北方病理成像协作组织、格拉斯哥数字诊断人工智能工业研究中心、考文垂病理图像数据中心以及伦敦医学成像中心，将于2019年投入运营；日本政府为了在医疗检查方面使用人工智能，2018年5月开始实行医疗大数据法，将匿名搜集5000万人的医疗诊断和体检信息，计划2023年建成世界最大的医疗大数据，此外，还针对医疗设备使用问题出台了一些规定；中国新版《医疗器械分类目录》正式生效，将医用软件按二类、三类医疗器械设置审批通道。

2.人工智能技术在医学影像中的应用加速落地

医疗影像智能分析是目前人工智能在医疗行业最先应用发展起来的领域。医疗影像智能分析是指运用人工智能技术识别及分析医疗影像，帮助医生定位病症分析病情，辅助做出诊断，据相关机构统计，目前医疗数据中有超过90%为医疗影像数据。科技巨头IBM已经在"人工智能+医疗影像"领域深耕多年，同时在细分领域也涌现了一批新的医疗影像小巨头，如将人工智能深度学习运用到医疗的人工智能公司Enlitic、AR远程医疗技术企业Butterfly Network、体素科技VoxelCloud等，都拥有开创性的新科技成果。2018年，在全球首次神经影像人工智能人机大赛上，"人类战队"由全球25名神经系统疾病诊断专业选手组成，分为两组分别与人工智能机器"BioMind天医智"较量颅内肿瘤的CT、MRI影像判读及血肿预测，以及脑血管疾病CT、MRI影像判读。最终，人工智能机器以87%、83%的准确率战胜人类战队66%、63%的准确率。

2018年是我国医疗影像落地之年，据动脉网统计，针对肿瘤、骨折、肺结节、乳腺等疾病的汇医慧影落地医院数量多达700家；针对肺癌、乳腺癌、直肠癌等疾病的腾讯觅影落地的三甲医院数量达100多家；针对肺部、乳腺、脑卒中、骨科等疾病的沈睿医疗落地医院数量达200多家；针对乳腺、肺癌、心脑血管、儿科疾病的依图医疗落地三甲医院数量达100多家；针对肺癌、脑卒中、心胸、骨折等疾病的推向科技落地医院数量200多家；针对肺癌、糖网、冠珠CT、皮肤等疾病的体素科技落地医院数量达100多家。

医疗影像新技术成果层出不穷。2018年，美国西雅图生物科学研究所使用人工智能创建了人类细胞的第一个完整3D模型。该模型帮助人们了解细胞及其各个组成部分是如何受到癌症影响的，从而帮助每个患者量身定制其疾病的治疗方案；《柳叶刀肿瘤学》（*The Lancet Oncology*）上的一项最新研究发现，人工智能无须进行活检就可以通过分析CT图像获得个体化的"放射学特征"，预测患者对免疫疗法的反应；科学首次证明，CNN作为人工智能或机器学习形式比专业皮肤科医生更能准确诊断皮肤癌；以色列数字健康公司Healthy.io的尿检工具包Dip.io能够基于智能手机摄像头完成临床级尿液检测，是FDA首次批准仅基于现有智能手机摄像头的II级认证；人工智能公司AliveCor的KardiaK平台采用专有的深度神经网络，使用心电图（ECG）数据检测高钾血症；百度研究院发布一种名为"神经条件随机场"的人工智能算法，拥有肿瘤病理切片检测能力，该算法不仅能对单一小图进行判断，还能够模拟图块之间的空间关系，大大提高诊断的准确率。

3. 国际巨头通过合作开发与收购并举发力医疗人工智能

对于人工智能在医疗健康方面的应用，许多互联网企业和相关机构看到了其中的潜力，IBM、谷歌、微软等科技巨头都在医疗人工智能方面有所建树。

IBM辅助决策支持系统取得显著成绩。IBM Watson Health是最早的智能医疗践行者，已经发布了150多个解决方案，覆盖医疗支付、服务提供、政府管理、生命科学四大领域，形成了一个贯穿医疗健康领域多个关键环节的创新认知和解决方案完整链条。截至2018年，其肿瘤解决方案（WfO）已经覆盖了13个癌种，有261家医院使用过WfO，系统内注册医生1133人，使用过这一系统的医生有785人，共有4万多名患者体验过Watson肿瘤系统的服务。目前，WfO和WfG已经在全球惠及了14万名患者，将所有和WfO、WfG接触过的病人数字加在一起，高达29.5万。

谷歌、微软、脸书等巨头加紧在不同细分领域布局。谷歌在健康领域新组建谷歌健康（Google Health），并将DeepMind公司的健康业务纳入其中，专注于人工智能对眼部疾病、糖尿病、心脑血管疾病和帕金森氏症等疾病的监测与管理等，此外还在医疗器械方面发力。微软发布个人健康管理平台，将不同健康及健身设备搜集的数据进行整合。2018年，微软和阿波罗医院结成战略同盟，联手设计新的机器学习算法，用于预测心脏疾病的风险，并协助医生迅速找到相关治疗方法，还宣布推出Microsoft Genomics服务，通过利用和处理基因数据，帮助医学研究者发明更精准地治疗癌症等疾病的药物。苹果、脸书等公司也通过设立医疗健康部门、开发医疗健康类应用、收购医疗健康类初创企业等方式，逐步踏入医疗健康行业。脸书人工智能研究小组和纽约大学医学院合作推出了fastMRI项目，希望运用人工智能将MRI扫描速度提高10倍。英特尔携手汇医慧影联合推出了"人工智能乳腺癌全周期健康管理系统"，通过人工智能技术助力乳腺癌筛查和诊治，这也是全球首个人工智能乳腺癌全周期健康管理系统。国内互联网巨头也纷纷入局医疗人工智能。2018年，京东云发布"医疗健康战略",与医疗健康产业的专业合作伙伴联手,依托京东云智能医疗健康平台,初步完成市场和技术的串联,推动医疗信息化;阿里健康宣布启动面向医疗人工智能行业的第三方人工智能开放平台,12家医疗人工智能企业成为首批入驻平台的合作伙伴,阿里健康与阿里云建设阿里医疗人工智能系统——ET医疗大脑,并升级为2.0版本;腾讯与科研院所和医疗机构联合,共同研究推进基于人工智能的临床辅助决策支持技术,打造覆盖就医全流程的新型医疗服务模式解决方案;健康管理机构爱康国宾,正式启动iKang"人工智能+"计划,合作企业包括依图医疗、Airdoc、科大讯飞、阿里健康ET医疗大脑实验室、百洋智能科技、IBM Watson事业部。

五 "人工智能+家居":用户需求促进产品创新

人工智能为智能家居注入活力,语音识别、人脸识别等技术的应用成为智能家居落地的重要引爆点,推动智能家居产品从弱智能化向智能化发展。当前,以智能音箱为首的智能语音交互市场火爆,以扫地机器人为首的家庭机器人市场需求旺盛,巨头布局智能家居生态平台效应初显,传统家电厂商纷纷向智能家居转型。

1. 智能家居产品正在由弱智能化向智能化发展

随着语音识别、指纹识别技术日趋成熟,人机交互水平大幅提升,家居产品向智能化发展,应用场景需求成为企业制胜法宝。全球知名企业都在关注智能家居领域,不断推出家居领域人工智能产品,加速产品落地。亚马逊、谷歌、ADT和三星等大品牌科技公司正在推动北美地区采用智能家居产品;英国Centrica Connected Homes的Hive、德国电信的Magenta Home和eQ-3,以及荷兰Enco的Toon正在刺激在欧洲市场需求;中国的小米、韩国运营商LG的U+、日本的iTSCOM和松下,以及澳大利亚的Origin和Telstra正驱动亚太地区智能家居市场发展。智能家居设备市场前景广阔。据 Strategy Analytics 数据，2018 年全球 12% 的家庭，也就是 2.24 亿个家庭，会安装至少一种智能家居系统。2018 年全球智能家居系统、设备和服务消费者支出的总额达 960 亿美元。其中，北美占总支出的 41%，达 400 亿美元，其次是亚太地区 260 亿美元，西欧则为 170 亿美元。国内方面，易观智库数据显示，2018 年中国智能家居规模达 1800 亿元。

2. 巨头积极布局智能家居生态

作为智能家居的核心技术，IoT 是一个老"风口"，当人工智能市场进入爆发期后，智能家居、万物互联开始迎来了拐点，逐渐向 AIoT 发展。

国外科技巨头发力布局智能家居生态。巨头企业依托技术积累，利用智能操作系统、IoT 操作系统、云计算、边缘计算以及人工智能技术布局智能家居生态。谷歌依托安卓生态，在手机和平板的基础上先后增加了可穿戴智能设备，在智能电视上提供安卓支持。2018 年，谷歌发布 android things，向物联网领域进军，并尝试将人工智能领域的技术积累与安卓平台整合，建立完善的 AIoT 生态。此外，谷歌还推出了一款人工智能芯片——Edge TPU，可以让 IoT 设备具备机器学习的能力。微软发布了适用于 Azure IoT Edge 的人工智能套件，将 IoT 与人工智能结合以协助开发人员进行边缘人工智能的应用开发。苹果致力打造智能家居平台 HomeKit，在苹果手机、平板等设备中安装"家庭"APP，支持控制门锁、插座、灯具、窗帘等多种设备，目前，已有 50 余个品牌的硬件产品接入了 HomeKit。

国内企业依托智能产品打开智能家居生态圈入口。阿里、腾讯、百度、小米纷纷推出智能音箱产品抢占智能家居生态圈入口。天猫精灵成为阿里在智能家居领域的切入点，构建完善的 AIoT 平台。根据阿里 2018 年公布的数据，天猫精灵已经为近 400 家家电品牌、300 个 IoT 平台提供了语音交互入口。腾讯、百度和小米也在 2018 年发布了腾讯听听、小度和小爱,提供语音交互服务。小米在智能家居领域早已深耕多年,通过投资或孵化相关企业,形成了小米手机、小米电视、小米路由器三大核心产品,小米生态链企业的智能硬件已经组成一套完整的智能家居闭环体验。硬件厂商华为推出了面向移动终端的人工智能计算平台 Hi AI,帮助开发者编写在移动设备上运行的人工智能应用程序,并能充分利用华为海思麒麟系列人工智能终端芯片,实现人工智能技术在智能家居领域的落地。

智能家居出现融合加速发展的新局面。传统家电企业如美的、格力等运用人工智能技术,通过将传统家电智能化的方式,提高产品附加值。对于传统家电厂商,由于缺乏云计算、人工智能等方面的技术积累,在向智能家居转型的过程中不得不和现有的智能家居生态合作,以实现人与设备以及设备间的互联互通。其中有实力的传统家电厂商,也尝试建立自己的智能家居平台,如格力、海尔等。

3. 智能语音交互产品成为各大厂商争夺智能家居市场的桥头堡

CB Insights 报告显示,目前语音交互战争在英语国家暂时两强并存,亚马逊 Echo 和 Google Home 主导了智能家庭音箱市场。传统科技巨头如微软、苹果、脸书以及国内的阿里、百度、腾讯、小米、京东也相继发布产品,利用平台优势进入该领域。语音技术企业科大讯飞、思必驰,智能硬件创业公司出门问问、若琪等陆续通过自研或合作的方式入局。根据 eMarketer 数据,亚马逊凭借先发优势和形态丰富的产品,占领了 71% 的份额;Google 依托技术优势和用户基础,以及清晰的产品矩阵,抢夺 12% 的份额;苹果的 homepod 发布较晚且定价偏高,凭借粉丝效应占据 1%。国内方面,天猫、小米依托各自的电商体系、智能家居生态以及低价策略分别占据 6%、4% 的份额;京东涉足智能音箱领域较早,产品种类丰富,占据了 3% 的市场份额。其他品牌合计占据 3%。

儿童智能语音终端市场迎来新一轮喷发。2018 年,在各大头部厂商的牵动下，儿童智能语音终端成为语音交互众多应用场景中的一道亮景。其中，增长最快的是智能早教机、故事机和儿童智能音箱三类产品，根据相关机构数据预测，2018年国内早教机器人市场规模将突破50亿元，而儿童智能音箱在百度、阿里等巨头的推动下，目前占据整个国内智能音箱市场的20%左右，出货量达百万级，市场需求火爆。除了智能音箱外，儿童早教领域已经逐渐由传统的儿童早教机、故事机向智能化、多元化发展，儿童智能手表、儿童智能早教机、儿童智能陪伴机器人等相继问世，人工智能技术赋予了这类产品唱歌、讲故事、教学、对话等各类功能，使孩子能够在使用过程中寓教于乐，在满足孩子学习、娱乐需求的同时也方便家长管理。

4.家庭服务机器人市场空间广阔

家庭服务机器人消费品属性明显，直接面向消费者市场，刚需、高频及个性化要求低的应用场景触发广阔市场空间，目前处于发展初期。以扫地、擦窗、炒菜机器人等为主的家政服务类主要职能是承担家务劳动，标准化程度较高、功能单一，因此目前发展较为成熟；以管家机器人、情感陪护、家庭娱乐、医疗护理等产品为主的生活品质类机器人个性化需求程度相对较高，尤其是情感陪护机器人要求人机交互水平高，市场尚未充分接受。但随着人口老龄化加速增长，以及人工成本的大幅增长，情感陪护和医疗护理类机器人的需求也将迎来激增。

扫地机器人市场接受度持续提升。扫地机器人市场需求明确、任务单一，应用程度已经较为成熟，符合当下消费升级、追求高品质生活的需求。随着扫地机器人发展日趋成熟，市场接受度持续提升，能够培养消费者习惯，对家庭服务机器人产业起到良好的示范效应，成为家庭服务机器人的先驱产品。国内外已有数十个品牌抢占扫地机器人市场，如科沃斯、iRobot、米家、福玛特、飞利浦和三星等。据中商产业研究院数据，2018年中国扫地机器人销量预计达483.3万台，市场规模达67.4亿元。

六 "人工智能+汽车": 应用前景加速产业发展

车联网是以车、路以及道路的基本设施为节点组成网络,用以实现车与车、车与人、车与路的信息交换,也是汽车产业转型升级过程中最重要的创新载体。近年来,车联网被认为是物联网体系中最有产业潜力、市场需求最明确的领域之一,具有应用空间广、产业潜力大、社会效益强的特点,对促进汽车和信息通信产业创新发展、构建汽车和交通服务新模式新业态、推动自动驾驶技术创新和应用、提高交通效率和安全水平具有重要意义。

1. 全球车联网产业进入快速发展阶段

近年来,信息化、智能化引领,全球车联网服务需求逐渐加大。埃森哲一项调研显示,71%的受访者希望拥有车辆生命周期管理服务,35%受访车主希望获得贴身管家式的车联网服务。目前,俄罗斯、中国、西欧和北美等国家和地区70%以上的新组装车辆都已配备互联网接口。随着需求扩张,全球车联网产业发展驶入快车道,成为物联网领域中成长最强劲的市场之一。根据 Machina、IMS 和华为联合调研数据,当前全球车联网连接数约为9000万,预计到2020年将增至3亿左右,到2025年则将突破10亿。2017年,全球车联网市场规模达342亿欧元,到2018年,该市场规模有望达到400亿欧元,年均复合增速约25%,同时渗透率将达20%。

现阶段,以传感技术、信息处理、通信技术、智能控制为核心的车路协调系统和高度自动化驾驶成为车联网市场竞争的关键因素。虽然目前智能网联汽车还处于辅助驾驶阶段,但随着各层级技术逐步成熟,以及层级间不断润滑打通,车联网将从单一属性逐渐变为满足安全性、娱乐性等诸多需求的科技产品,最终实现人与车、车与车、车与交通环境的交互。

未来，车联网技术与大数据、云计算等技术的创新融合将加速市场渗透度。车联网可以广泛收集车辆信息、车辆位置信息、驾驶员信息、天气状况、交通状况等数据，通过大数据分析来洞察驾驶员的驾驶习惯和出行方式、识别与预警车辆故障、降低商用车辆的部署和运输成本等。与云计算结合，车联网移动云服务将得到广泛应用。预计2020年将成为无人驾驶车辆商业化元年，并从此进入爆发式增长阶段。

2. 科技企业和传统车企纷纷发力车联网领域

谷歌是最早进入自动驾驶领域的科技企业。2018年10月，美国加州车管所（DMV）正式向Waymo（谷歌自动驾驶汽车品牌）颁发了完全无人驾驶测试牌照，意味着Waymo在加州可以合法在公开道路上测试没有安全员的无人驾驶汽车。12月，Waymo正式在美国推出付费无人出租车服务——Waymo One，在全球率先开启自动驾驶技术的商业化进程。

英特尔在2017年发布"Intel GO"自动驾驶平台，还和德尔福、宝马、Mobileye（已被英特尔收购）成立自动驾驶联盟。2018年，英特尔和阿里联合推出了基于英特尔架构和AliOS的下一代电子座舱解决方案；2018年底，英特尔与一汽红旗、东软展出搭载英特尔车载处理器"Apollo Lake"的新一代智能驾驶座舱。

与纯科技企业不同，特斯拉是最早实现高级辅助驾驶落地、自建完整生态链的新能源车企。2018年特斯拉宣布其自主研发的Autopilot 3.0系统将于2019年推出。除在硬件上进行强化外，最关键的是配备了自己研发的顶级芯片，其处理速度较2.0版本提升了10倍之多，即由原来的200帧/秒提升到了2000帧/秒，为特斯拉电动汽车更精确、更可靠地操作提供了有力保障。

与科技巨头依托自身优势，强势进入车联网的领域不同，传统车企更多的是通过合作的方式拥抱车联网。2018年，福特、奔驰先后与百度签署战略合作意向书，福特将基于百度以DuerOS为基础的人工智能车联网技术进行合作，奔驰将在自动驾驶和车联网领域与百度展开合作；2018年7月，奥迪与华为签订协议，双方将加强车联网方面的合作；2018年9月，宝马与腾讯达成合作，双方将合作促进汽车行业的车联网化发展。

3. V2X是车联网技术发展的重要支撑

随着车联网市场的迅猛发展，无线通信技术越来越受到车企的重视。V2X又称车用无线通信技术，将人、车、路等交通参与要素有机联系在一起，V2X早期主要基于专用短距离通信技术（DSRC），后期随着第五代移动通信网络（5G）的发展出现了Cellular-V2X（C-V2X）技术。

基于5G技术的C-V2X是未来车联网技术发展的重要趋势。5G融合大规模天线阵列、超密集组网、终端直通、认知无线电等先进技术，以更加灵活的体系结构解决多样化应用场景中差异化性能指标带来的挑战。未来C-V2X能够提供更加丰富的应用空间，包括娱乐、交通数据、导航领域等。进入5G时代，信号传输速度变慢或者信号减弱都将不再是问题。而且，5G通信技术不用单独建设基站和服务基础设施，5G通信技术的普及将为车联网的发展带来历史性的机遇。

中国、美国、韩国等国认为采用C-V2X技术符合未来发展趋势。宝马、沃达丰、爱立信、戴姆勒、福特、日产、标致雪铁龙、博世、大陆、德国电信、华为、英特尔、高通和三星等企业支持5G车联网技术，看好C-V2X的应用前景。目前，C-V2X已逐渐在中国和美国推广。在中国，2018年6月，工信部、国家标准委联合发布的《国家车联网产业标准体系建设指南》系列文件，为推动C-V2X的发展又向前迈出了一大步。在美国，2018年4月，奥迪与福特在美国进行了全球首例跨车企、多车型的C-V2X实时直接通信技术操作演示。2019年初，福特宣布将从2022年起为在美国上市的新汽车配置基于5G网络的蜂窝车联网技术。5G汽车联盟预计，C-V2X将于2020年左右在量产车和道路基础设施上得到部署。

另外，早期的专用短距离通信技术（DSRC）也拥有大批支持者。因为DSRC技术较为成熟，且不需要运营商网络，车间随机通信，稳定性更高。目前，欧盟、美国等国家和地区正在支持此项技术的研发和落地。从厂商来看，大众集团、雷诺集团、丰田汽车、通用汽车、恩智浦、以色列芯片商Autotalks、美国系统提供商Kapsch等一直在推广DSRC技术，支持者认为该技术已经经过足够的验证，在欧洲政府支持的项目当中也已经完全实现标准化，且更适合用来规避碰撞事故和目标导航。同时，由于5G技术才刚刚起步，网络部署也需数年时间。但是相较于C-V2X技术，DSRC存在娱乐场景相对缺乏、需安装路侧设备等基础设施和运营企业相对较少等问题。

七　"人工智能+无人设备"：国际科技格局战略制高点

无人设备领域作为人工智能重要支柱将成为国际科技格局洗牌的重要战略制高点。目前，无人机技术和产业相对较为成熟，少数大公司处于行业垄断地位；无人驾驶车辆已陆续开展路测，但由于还存在技术、制度和法律层面的问题，短期内无法形成产业化；无人船在军用领域已经发展了多年，军转民是未来发展的趋势，目前国内外成规模的公司还较少，市场前景广阔。

1. 无人设备市场广阔

在无人机方面，随着技术的逐步成熟，民用无人机已经得到了广泛应用。中商研究院数据显示，随着无人机应用领域的逐渐扩大，无人机市场需求将逐渐提升，预计2018年全球民用无人机市场规模达134亿元，未来5年全球民用无人机行业将保持迅猛发展（见图1）。此外，2018年，无人机领域监管体系建设持续推进，相关政策、法规陆续出台，标准规范的制定也不断加快。2018年新发布的《无人驾驶航空器飞行管理暂行条例（征求意见稿）》《深圳地区无人机飞行管理实施办法（暂行）》等则凸显了政府完善无人机监管制度的决心，以及对优化、细化无人机管理的探索。2018年，国内无人机行业标准规范制定继续稳步推进，无人机国际标准制定也提上了日程。值得关注的是，在2018年植保无人机国际标准会议上，中国声音得到了广泛认可，但是对于国际标准制定主导权的争夺也必然更为激烈。

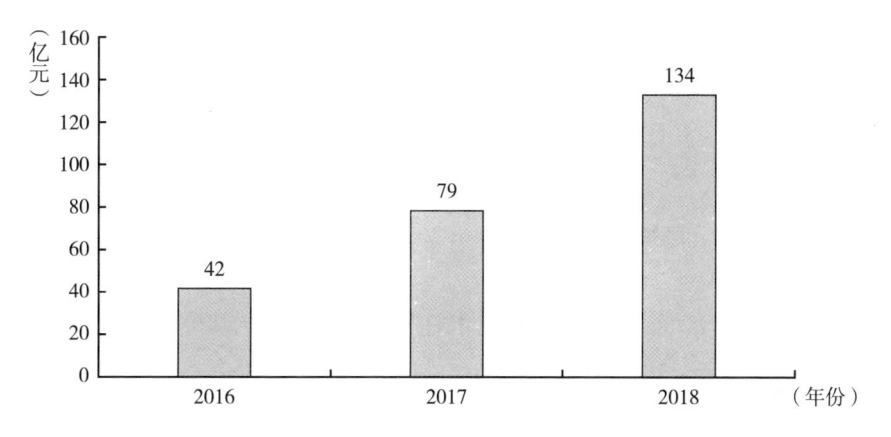

图1 2016~2018年民用无人机市场规模及预测

资料来源：中商研究院。

在无人车方面，世界各国积极制定自动驾驶普及路线图，主要车企及科技公司不断推出新的自动驾驶技术，各大公司陆续开展路测，行业发展迅速推进。前瞻产业研究院相关数据显示，预计2018年全球无人驾驶汽车市场规模达332亿元，2021年预计达485亿元（见图2）。2018年无人驾驶汽车在大力发展技术创新和拓展服务应用领域成果显著。特斯拉具有自动驾驶功能，可以在各种不同的设置中使用；共享乘车服务Uber正在努力开发自动驾驶出租车。2018年无人驾驶汽车已拓展至物流领域、公共交通领域、共享出行领域、环卫车领域、矿山领域、无人港口领域、无人机场领域、无人园区领域。

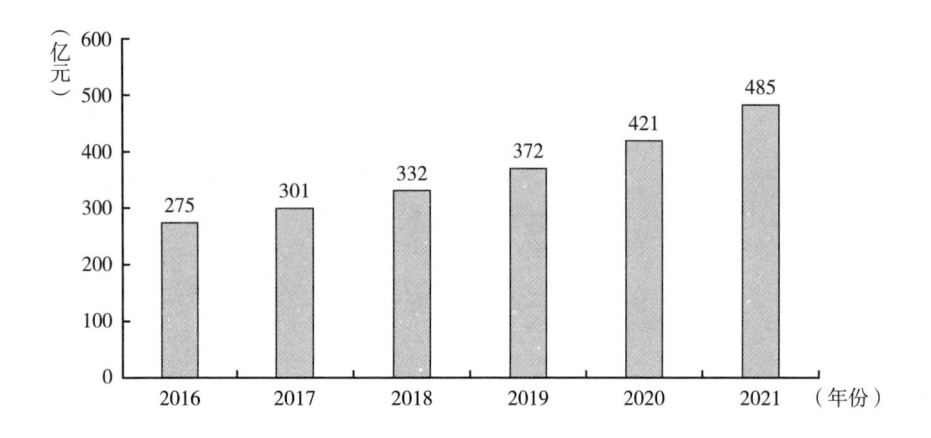

图2 2016~2021年全球无人驾驶汽车市场规模情况

资料来源：前瞻产业研究院。

在无人船方面，自动驾驶技术在很大程度上可以提高航运的安全性、降低成本同时降低能耗。目前，世界上第一艘完全自主的货运船正在建设中，各国纷纷制订自主航运计划。智研咨询相关报告显示，2016年无人船销售规模达11352万元。无人船迅猛发展，一些船舶巨头甚至预测，几十年内无人船将颠覆全球船舶行业格局。2018年，有关无人船的技术研究探索仍在进行之中。放眼国际，2018年挪威特种船造船商Vard Holdings与挪威化学公司YARA签订合同，为其建造世界上第一艘自动驾驶电动集装箱船。国内方面，在2018年春晚珠海分会场上，由云洲智能自主研发的81艘海洋无人艇协同编队，为观众们奉上了一场绚丽多彩的科技盛宴。2018年2月，万山无人船海上测试场项目正式启动建设。2018年，无人船因具有巨大开采空间和开发价值日益引起全球科研机构和企业的兴趣，但仍面临科技、安全、法律等方面的挑战。

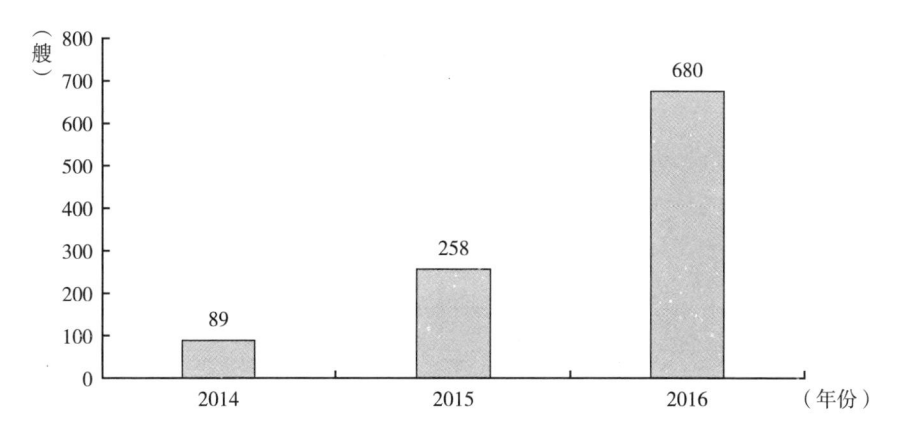

```
（艘）
800
700                                    680
600
500
400
300            258
200
100    89
  0
     2014        2015        2016      （年份）
```

图 3　2014~2016 年中国无人船行业产量情况

2. 科技巨头、初创企业共同发力

无人机方面，全球军用无人机的生产企业以美国公司为代表，排在前十名的企业，有 6 家是美国代表性企业，在军用无人机领域占据明显的垄断地位。而近年来随着我国创新能力的提升，在民用无人机领域的竞争力显著提升，尤其是在消费级无人机领域。我国以大疆创新为代表的企业是全球消费级无人机的领头羊，据统计，大疆创新占据着全球消费级无人机市场七成以上的份额，在全球民用无人机企业中排名第一，整体上提升了我国在无人机领域的竞争能力（见表 2）。

表 2　全球军用和民用无人机 TOP10 企业

序号	军用企业		民用企业	
	企业名称	国家	企业名称	国家
1	诺斯罗普·格鲁门公司	美国	大疆创新	中国
2	洛克希德·马丁公司	美国	3D Robotics	美国
3	波音公司	美国	吴翔	中国
4	通用原子公司	美国	零度智控	中国
5	以色列航空工业公司	以色列	Parrot	法国
6	马拉特公司	以色列	Autel Robotics	美国

续表

序号	军用企业		民用企业	
	企业名称	国家	企业名称	国家
7	AEE–电科技公司	中国	亿航	中国
8	美国航空环境公司	美国	飞豹	中国
9	美国雷声公司	美国	极飞	中国
10	法国法索飞机制造公司	法国	一电航空	中国

资料来源：OFweek 电子工程网。

在无人车方面，从全球来说，自动驾驶主要包括主机商、供应商、科技公司以及出行公司。2018 年 3 月，autowise.ai 宣布在上海试运营全球首个自动驾驶清洁车队；7 月，百度宣布与金龙客车合作生产的全球首款 L4 级别量产自动驾驶巴士"阿波龙"量产下线。2018 年，无人驾驶汽车企业格局逐渐清晰，创业公司和老牌公司已经出现协作、投资和并购、垂直整合，协同发展。如创业公司和大型企业达成了各式各样的合作协议，百度与博世和大陆展开合作，而宝马则与英特尔和 Mobileye 建立联盟，还将德尔福收纳为联盟成员。

在无人船方面，2018 年，科技巨头及初创企业纷纷投入其中，各司其职做大蛋糕。科技巨头投身于建造自动驾驶船只，初创企业则试图通过开发可搭载在船只上的自动或半自动系统，获取一定的市场份额。科技巨头方面，2018 年 8 月初，主要造船商三星重工宣布，它正在使用亚马逊的 AWS 云服务来构建自主航运平台，以实现集装箱船只的自动驾驶。初创企业方面，Shone 于 2018 年 6 月与大型航运公司 CMA CGM 合作，将人工智能整合到现有船舶上。

3. 多传感器融合、高精数据、物联网等技术发展成为行业跃升的关键

从技术方面来看，信息采集、信息处理和信息通信是推动无人设备发展的三大关键技术领域。

信息采集方面，传感器、摄像头等设备将会大规模使用。从技术

热点看，多传感器融合是 2018 年无人设备研究热点。随着传感器技术、数据处理技术、计算机技术、人工智能技术和并行计算的软硬件技术等相关技术的发展，多传感器信息融合技术受到了广泛关注。

信息处理方面，高精数据是技术关键。无人设备需要通过先进的图像算法来整合传感器网络数据，再加上细粒度实时地图数据与高精度导航才能够实现精细化、实时化的交通预判。先进的图像算法是影响数据处理可靠性和准确度的决定性因素。2018 年无人设备最成熟的图像算法是基于浅层学习，而深度学习算法人工干预少，且通过大数据技术可实现多层学习，精度高，但对系统芯片的运算能力也提出更高要求。目前，国外已有若干芯片巨头发布了高性能芯片，可满足深度学习，如 NVIDIA 已开发了 512 核 GPU，可实现超级并行运算。全球芯片设计仍处于高度垄断格局，美国占据着最大市场份额。

信息通信方面，物联网时代已经到来。车联网、船联网等物联网技术在无人设备中起着非常核心的作用，从发展趋势看，它是实现完全无人设备的必经之路。物联网的发展，将伴随着物内网（车内、船内）的数据互通与向外延伸，辅之以物与物之间的数据交换，再结合移动互联网的数据全面贯通，并向完全无人设备的终极目标发展。

随着人工智能技术的逐步完善，无人设备技术将取得突飞猛进的发展。无人机、无人驾驶汽车、无人船为制造产业带来全面的市场机会，同时会带动产业链衍生市场的大规模催化扩张。业内预计，未来十年左右，无人设备市场规模或达千亿级。所以，不难预测，无人设备产业将迅速成长为一个具有固定产值和巨大潜力的新兴产业。

参考文献

德勤：《中国智造，行稳致远——2018 中国智能制造报告》，2018。

BCG,"AI in the Factory of the Future The Ghost in the Machine", https：//www.bcg.com/publications/2018/artificial-intelligence-factory-future.aspx. April 18，2018.

卢鸿：《加快金融科技创新 驱动银行数字化转型》，《中国金融电脑》2019年第2期。

丁晓平：《人工智能赋能商业银行业务拓展的实践探讨》，《金融纵横》2018年第11期。

伍旭川：《人工智能发展趋势、挑战及对金融安全的影响》，《财经智库》2018年第6期。

傅丹阳：《人工智能技术在金融领域的应用探究》，《科技经济导刊》2018年第31期。

靖研：《人工智能风控在互联网金融领域的应用与发展》，《科技经济导刊》2018年第31期。

投融资篇

Investment and Financing Reports

B.8 人工智能投融资市场从喧嚣走向理性

梁冬晗*

摘　要： 近年来，全球人工智能领域的商业投资规模迅速增长，中美成为人工智能投资的热门区域。进入2018年，人工智能投融资市场渐趋冷静，交易量减少，投资开始向头部企业靠拢，总体呈现价值导向、技术驱动、头部集中等态势。投资者对处于成长期的企业保持谨慎态度，希望将资金投向发展较为明确的项目，计算机视觉、自动驾驶汽车和物流自动化领域受到资本青睐，成为年度热门投资领域。

关键词： 投融资　市场降温　计算机视觉　自动驾驶　物流自动化

---

* 梁冬晗，国家工业信息安全发展研究中心工程师，研究方向为人工智能、电子信息产业等。

一 人工智能投融资趋于集中化

1. 全球人工智能领域的商业投资在过去十年迅速增长

越来越多公司能够在一轮融资中筹集1亿美元以上的资金。2018年，全球活跃的投资公司集中在美国、中国和英国进行投资。根据普华永道和CB Insights发布的最新报告，美国人工智能公司获得的风险投资总额大幅上升72%，达到创纪录的93亿美元，其中最大的一笔交易是自动驾驶汽车创业公司Zoox获得的5亿美元融资。根据清科资本数据，中国人工智能公司获得的风险投资总额达450亿元（约合66亿美元），同比增长70%。其中，从事计算机视觉技术研发与应用的商汤科技完成了一轮总额6亿美元的融资，企业估值达45亿美元，是全球最有价值的人工智能创业公司之一。根据市场研究机构PitchBook数据，英国人工智能获得投资总额达7.36亿英镑（约合9.4亿美元），同比增长47%。从融资额来看，2018年，融资规模最大的10家公司中有5家来自美国、4家来自中国、1家来自英国。

2. 人工智能市场热度有所降温

人工智能的投资回报周期较长，在投资市场趋于理性的大环境下，人工智能行业泡沫有所消散，概念炒作逐渐退潮。2018年，人工智能领域投资交易数量首次出现下降，投资者趋于谨慎，偏好中后期的人工智能产品，投资更多地转向具备发展潜力的企业。对参与A轮后的企业投资意愿更强，对处于成长期的企业保持谨慎态度，希望将资金投向发展较为明确的项目。国内外一级市场人工智能领域投资资金呈现向头部集中的趋势，扩张期的人工智能企业融资数量占比显著增加，种子轮交易数量占比开始下滑。

3. 大规模的人工智能投资更加集中

美国的投资主要集中在人工智能的底层技术，而中国的投资主要侧重于应用层，由于应用层的投资机会和投入回报率远高于基础层和技术层，相对于基础层与技术层，中国人工智能应用层投资呈现上涨趋势，投资方以百度、阿里、腾讯等几大互联网巨头为主，如百度更加偏重于自动驾驶层面。2018年，中国以算法起家的人工智能技术头部公司的估值已经非常高，如商汤科技估值达45亿美元，寒武纪估值达25亿美元。超大规模投资向热门应用场景倾斜，据清科资本数据，2018年超百亿元的投资发生在"人工智能+金融"和"人工智能+物流"领域，分别由度小满金融和满帮集团获得。

二 三大应用领域受到资本青睐

1. 计算机视觉带动新一轮投资热潮

深度学习技术获得突破性进展，计算机视觉技术也随之取得巨大进步。作为现阶段应用落地速度最快、最受关注的人工智能技术，计算机视觉进入爆发期，带动新一轮投资热潮。2018年，计算机视觉公司竞争的关键已经不再是算法刷了几个榜单、发了多少篇论文，而是将技术应用到不同行业场景的能力、对真实业务需求的深刻理解和强大的落地服务能力。全球计算机视觉进入了稳定增长期，根据美国图像协会（American Imaging Association）数据，2018年全球计算机视觉市场规模达50亿美元左右，中国在全球计算机视觉市场中占据较大优势，行业发展规模也不断扩大。据市场调研机构DIGI-Capital分析，2018年，美国风投机构对计算机视觉和增强现实领域投资保持观望态度，多以短期投资为主，而中国风险资本开始关注计算机视觉和增强现实等领域的长期潜力，过去一年中国计算机视觉领域获得超过230亿元的投资。目前中国有100多家计算机视觉公司，包括旷视科技、商汤科技、依图科技、极链科技等独角兽公司，涉及安全图像、身份认证、文娱等众多应用。计算机视觉领域内人脸识别功能应用场景广泛，商业化落地能力强，除了计算机视觉创业企业外，互联网巨头和硬件巨头企业也纷纷关注布局人脸识别领域。

2. 自动驾驶汽车投资热度不减

自动驾驶汽车已然成为全球最受关注的新兴科技产业之一，是众多科技创新创业企业、传统汽车生产商、跨国科技巨头瞄准的重要战略方向之一。无人出租车成为谷歌、戴姆勒、通用、英伟达等科技和汽车企业率先展开角逐的领域，用户可以通过手机打车，完成客运任务之后车辆将会自动停泊在城市的某个偏僻角落。据市场调研机构IHS Markit分析，美国将在2018~2019年率先实现自动驾驶出租车落地，主要应用场景是大学校园等。无人车的商用将会进一步降低私家车消费，实现资源最大化共享。根据咨询公司罗兰贝格的预测，到2030年，无人驾驶出租车的全球收入将高达1.5万亿欧元。虽然2018年国内外自动驾驶融资最高单笔额度不及上年，但是总融资规模依然不减。获投融资的领域包括自动驾驶系统、车辆控制、激光雷达、高精度地图、场景测试等。其中，激光雷达、高精度地图、自动驾驶技术公司投融资事件较多。据相关研究机构统计，2018年，国内外在自动驾驶领域的投融资规模超过70亿美元。其中，国外超过58.5亿美元，中国超过11.5亿美元。Cruise获得年度最大的投融资交易规模达27.5亿美元，2018年累计获得投资61亿美元。几乎所有有关自动驾驶的关键技术领域都获得了融资。

3. 物流自动化前景明确受资本追捧

随着物流市场的快速发展，物流自动化的应用加速普及，不少电商平台及快递企业投入使用物流自动化以提高工作效率，此外，家电企业也积极打造智能物流生态系统，发力无人仓、无人车及物流机器人等领域。物流巨头的长线投入，受到了众多资本方的追捧，不断加码布局，物流自动化行业的未来前景明朗。据行业期刊 *The Robot Report* 统计，2018 年，全球融资额较大的物流自动化公司有京东、Ocado、Geek+，分别获得 5.5 亿美元、4.4 亿美元和 1.5 亿美元。

三 投资机构与科技巨头争相布局

1. 资本方投资目标主要瞄准发展前景明确的企业

以日本软银愿景基金、美国红杉资本为代表的著名投资机构，在投资领域方面具备前瞻性视角，如美国红杉资本敢于在谷歌成长前期的时候进行投资，软银集团在阿里发展初期勇于投资。2018 年，软银开始筹备设立第二支规模达 1000 亿美元的愿景基金，投资方向为人工智能、芯片及互联网，成为人工智能风险投资的巨无霸企业。红杉资本这类传统风险投资公司也开始采取应对策略，2018 年募集 120 亿美元资金，其中包括全球成长型基金（80 亿美元）、针对中国的基金（25 亿美元）以及针对东南亚的基金（6.75 亿美元）。它们选择发展迅速又市场广阔的领域，一旦看准，往往在同一领域选择多家企业进行参投。软银愿景基金主要做长期投资，单笔投资金额较大，投资轮次倾向于后期，独投或领投，每次投资倾向于获得更高比例的股权。以 Uber 公司的投资案为例，软银投入了 77 亿美元的资金，一共获得了 15% 的股权，成为最大单一股东。在投融资机构的推动下，人工智能企业估值持续走高，投资交易规模越来越大，这给惯于投资短期热点的同行造成巨大压力。

2. 科技巨头投资目标主要围绕自身业务布局开展

国外谷歌、微软、英特尔等科技巨头都越来越多地投入资源抢占人工智能市场，有些甚至直接转型成为人工智能驱动的企业。谷歌斥巨资收购了包括机器人和人工智能技术等前瞻技术在内的创新创业企业。2018年，谷歌参投的企业包含京东物流、AR公司Ubiquity、人工智能制药公司、人工智能技术搜索引擎BenchSci等；微软参投的企业包含人工智能芯片公司Graphcore、开源数字资产管理平台Bakkt等；英特尔参投的企业包括以色列人工智能芯片新创公司Habana Labs、人工智能芯片初创公司Syntiant、人工智能医学影像公司汇医慧影等。国内互联网巨头百度、阿里、腾讯、京东也凭借自身优势在人工智能领域进行重点战略布局，不仅在国内实施投资策略，还纷纷出海紧盯具有发展前景的国外创新创业公司。2018年，百度参投企业包含人工智能光学芯片Lightelligence、深度学习平台Snark AI、人工智能医疗企业More Health和禾赛科技等；腾讯参投企业包含语音识别企业SoundHound、智能家居企业新乐视智家、娱乐机器人优必选等；阿里参投企业包含人工智能视频服务Video + +、人工智能视觉商汤科技、智能硬件Magic Leap等；京东参投企业包含智能家居新乐视智家、自动驾驶智行者科技、微信人工智能智能销售加推科技等。

四 资金向头部优质企业加速集中

2018年，在投融资领域最受瞩目的企业有Cruise Automation、商汤科技、旷视科技和Uber等。

在自动驾驶方面，2018年以来，国内外自动驾驶企业在融资方面各有进展。美国自动驾驶公司Cruise Automation 2018年合计融资61亿美元，日本软银旗下愿景基金、通用汽车、本田分别投资22.5亿美元、11亿美元和27.5亿美元，其中本田向Cruise Automation的投资分为两个阶段，第一阶段一次性投资7.5亿美元，第二阶段在此后12年里持续投资20亿美元。目前，通用Cruise Automation的自动驾驶汽车正在美国旧金山、底特律等多地进行实际道路测试，同时也在进行没有方向盘和制动踏板的完全自动驾驶汽车的量产准备工作。

Uber 2018 累计获得 47 亿美元融资额，其中软银投资 12 亿美元、丰田投资 5 亿美元、Uber 首次发行债券融资 20 亿美元。考虑到自动驾驶在网约车方面的可能性，Uber 积极发力自动驾驶领域，最新估值达 900 亿美元。Zoox 目标直指高度自动化的 L4，欲打造适合城市场景的无人车。2018 年，Zoox 获得 Grok Ventures 领投额 5 亿美元。Zoox 已经成为加州首批获得监管部门批准可以向公共乘客提供自动驾驶打车服务的公司，标志着全自动驾驶城市交通部署的发展向前迈进了一步。此外，国内自动驾驶科技企业也普遍获得了大额融资，如小马智行在 7 月获投 1.02 亿美元，星行科技完成 1.28 亿美元的融资。

在计算机视觉方面，中国计算机视觉企业最为"吸金"。中国计算机视觉领域"四小龙"，合计获得约 32.5 亿美元的投融资。2018 年，商汤科技累计筹资 22 亿美元。9 月，完成了规模达 10 亿美元的 D 轮融资，投资方是软银中国资本。旷视科技获得 6 亿美元融资，依图科技累计获得 3 亿美元融资，云从科技融资额超 10 亿元人民币。国外获得投融资的计算机视觉领域知名企业有为盲人和弱视人群提供人工智能辅助阅读设备的以色列公司 OrCam（获 3040 万美元）、美国卫星数据分析公司 Orbital Insight（获 5000 万美元）等。

在物流自动化方面，以电商巨头为主的资本方快速入局物流自动化。京东物流于 2017 年从京东独立出来，京东物流拥有中小件、大件、冷链、B2B、跨境和众包（达达）六大物流网络的企业。2018 年，京东物流先是拿下 25 亿美元的首轮融资，后又获得谷歌 5.5 亿美元的投资，大举押注物流自动化领域。满帮集团通过人工智能与大数据分析降低货车司机的空驶率、提高货运效率，致力于打造连接人、车和货三个维度的超级数据平台。2018 年，满帮集团获得 19 亿美元投资。英国杂货配送公司 Ocado，2018 年累计融资 4.4 亿美元，其中美国杂货连锁企业 Kroger 投资 2.475 亿美元，Ocado 将帮助 Kroger 建立系统，并帮助其管理在线订购、订单履行和配送事宜。

参考文献

亿欧智库：《2018年中国AI+安防行业发展研究报告》，2018年5月。
亿欧智库：《2018中国医疗人工智能发展研究报告》，2018年6月。
雷锋网：《2018医学影像AI行业研究报告》，2018年12月。
艾瑞咨询：《2018年中国智能家居行业研究报告》，2018年8月。

B.9
成熟应用场景和企业更受资本方青睐

梁冬晗*

摘　要： 资本方更加关注发展方向明确的应用领域，如医疗健康等成熟落地场景更加受到资本青睐。医疗健康产业的庞大市场和刚性需求是资本对该行业保持长期关注的重要原因，屡屡获得大额融资；金融行业高度数据化所获融资不断，蚂蚁金服、度小满、京东金融等科技巨头旗下的金融服务事业都获得数目可观的投资；消费级家居人工智能产品应用市场规模庞大，吸引资本方眼球；教育投融资市场处于早期升温阶段。

关键词： 医疗健康　金融　家庭陪伴机器人　教育

一　医疗健康是全球资本长线关注热点

医疗健康产业投资机会众多，涉及制药、诊断、检测、治疗、康复以及保健等众多领域，医疗健康产业的庞大市场和刚性需求是资本对行业保持长期关注的重要原因。大多数投资机构都认为未来10～20年，医疗健康是全球最大的产业。当前，行业内资金头部效应明显，大额融资屡破纪录。医疗健康产业门槛高，投资呈现高投资高回

---

* 梁冬晗，国家工业信息安全发展研究中心工程师，研究方向为人工智能、电子信息产业等。

报的特征。由于医疗产品的市场准入机制严格，生产的技术门槛和研发制造成本相对较高，延长了资本投入和区域扩张的周期，但从长线来看，资本方对于医疗健康行业保有信心。例如，肿瘤治疗尚处在技术发展初期，但资本普遍看好该领域前景。

2018年，制药行业获投次数较多。复星医药宣布投资1.06亿美元入股美国Butterfly Network；新药研发人工智能公司BenevolentAI获得1.15亿美元融资；分子诊断和临床数据库Tempus完成1.1亿美元E轮融资；人工智能制药企业晶泰科技获4600万美元投资；将深度神经网络用于药物开发的公司Atomwise获得4500万美元投资；"人工智能＋辅助诊断"企业Idx获3300万美元融资；癌症诊断技术研发商Paige.AI完成2500万美元融资等。

二 数据场景优势掀金融科技融资热潮

目前在金融领域的应用上，用到的核心技术包括计算机视觉、语音识别、自然语言理解和机器学习。人工智能与金融场景的结合，包括风控、客服、投顾、投研、支付、营销、理赔等主要应用场景。根据德勤相关报告，目前"人工智能＋金融"最为广泛的应用包括智能投顾、智能客服以及智能风控。蚂蚁金服把人工智能等创新技术引入金融服务，成为全球最大的独角兽企业，估值超过1500亿美元（约1万亿元人民币），成为全球金融科技标杆企业。

2018年，"人工智能＋金融"领域的融资热潮不减。根据艾瑞咨询和IT桔子的相关数据，2018年中国融资事件约有48起，其中，超过亿元的融资共有约20起。蚂蚁金服、度小满、京东金融等科技巨头都获得数目可观的投资，其中，京东金融更是进行了高达130亿元的B轮融资。部分非巨头的科技企业也表现出色，如新创小巨头第四范式成为"人工智能＋金融"领域的标杆企业，获得超 10 亿元融资；利用大数据技术为金融行业服务的百融金服获得 10 亿元融资。

三　家政陪伴类机器人开始吸引资本眼球

家政服务机器人、智能门锁、早教娱乐机器人和陪伴机器人等家居人工智能产品，满足了现代人的生活需求，消费级应用市场规模庞大，开始逐渐吸引资本方眼球。依据德国市场研究机构 GFK 和国际机器人联合会（IFR）研究数据，美国家政服务机器人的产品渗透率为 16%，而中国的产品渗透率仅为 5.4%，市场前景可观。随着人口老龄化趋势加剧，家庭陪伴式机器人行业产品需求量大，值得持续关注。

研发刚需高频产品的企业更加获得资本方关注。2018 年，家庭娱乐机器人优必选由腾讯领投融资数额达 8.2 亿美元，估值 50 亿美元；美国家用机器人 Temi 由阿里领投完成了 2100 万美元融资；小鱼在家获得百度领投的 8000 万美元融资；智能门锁企业云丁科技完成 8.7 亿元人民币的融资；智能家居平台企业涂鸦智能获得由 FutureFund 领投的 2 亿美元融资。

四　教育投融资市场处于早期升温阶段

教育作为国之大计，一直是我国优先发展的行业。在政策利好、消费需求持续增强，以及技术升级的条件下，"人工智能＋教育"必将吸引更多的资金流，掀起新的教育界投资热潮。据亿欧智库统计，中国"人工智能＋教育"资本运作依然处在初级阶段，公司融资轮次目前大多处于 B 轮及 B 轮之前，占比高达 82.6%。根据蓝象资本的数据，"人工智能＋教育"领域可以细化出智能自适应学习、虚拟学习助手、专家系统、教育商业智能等四个领域，K12、STEAM、语言教育、分级阅读、虚拟陪练、虚拟助教/Chatbot、生涯规划助手、智能批改支持、学情管理、运营支持等十条细分赛道。目前来看，"人工智能＋教育"已经渗透到"教、学、测、练、评"等各个层面，在对应的领域中，也诞生了诸如英语流利说、学霸君、猿题库、海云天等企业，在这些细分领域中，都有可能会诞生新的行业独角兽。

以教育为主的科技企业崭露头角。2018年，新东方计划在技术＋教育等方面投入15亿元人民币，以促进教育升级换代和教育科技的发展；在线少儿英语品牌VIPKID宣布与微软中国达成战略合作；一起作业、海风教育、作业盒子、盒子鱼等多家教育机构均对外宣布完成新一轮融资，同时推出其人工智能领域产品。各家教育机构在自己的赛道上，努力争抢"人工智能＋教育"领域的市场份额。

参考文献

亿欧智库：《2018中国人工智能投资市场研究报告》，2018年8月。

普华永道和CB Insights：《2018年美国人工智能风险投资报告》，2019年1月。

The Robot Report：《2019年值得期待的10大机器人公司》，2019年1月。

专题篇

Special Subject Reports

B.10 人工智能芯片迎来重要战略机遇期

张 倩[*]

摘　要： 人工智能芯片是人工智能发展不可或缺的根基之一，拥有巨大的战略地位和产业价值，受各国政府和企业的高度关注。我国在人工智能芯片领域也颇有斩获，如寒武纪和华为公司的人工智能芯片技术成就备受全球瞩目。在人工智能芯片正加速发展的当下，我们应对人工智能芯片发展现状与趋势做出客观冷静判断，并以我国广阔应用市场和庞大数据资源优势为基础，夯实芯片产业基础，强化自主创新，掌握人工智能时代核心竞争力。

---

[*] 张倩，国家工业信息安全发展研究中心高级工程师，硕士，研究方向为电子元器件、人工智能、物联网。

关键词： 人工智能芯片　图像处理器　神经形态芯片

一　人工智能芯片产品不断细化，产业格局渐趋明朗

人工智能芯片可在一定程度上模拟人脑信息处理方式，具备自主进行感知、学习和决策的能力。人工智能芯片按部署位置可分为云端（如数据中心）芯片和终端（如手机、安防摄像头、汽车等）芯片；按承担任务可分为训练芯片（构建神经网络模型）和推理芯片（应用神经网络模型）；按技术实现方式可分为图像处理器（GPU）、现场可编程门阵列（FPGA）、针对具体应用开发的专用集成电路（ASIC）和类脑芯片等。

在训练芯片方面，由于需处理海量数据，目前只能在云端，美国英伟达公司的 GPU 占最大份额，英特尔、赛灵思等公司的 FPGA 已被 IBM、微软、亚马逊 AWS 等大数据中心选做人工智能训练芯片。在推理芯片方面，需综合考虑单位能耗算力、时延、成本、尺寸等指标，满足数据中心、手机、安防摄像头、汽车等应用，是 ASIC 的重点发力领域。美国谷歌、苹果、英伟达、英特尔，韩国三星，中国华为、寒武纪等公司均推出针对特定应用的 ASIC 芯片，如谷歌为自身数据中心应用研发的张量处理器（TPU）。根据中金公司测算，2017年全球人工智能芯片市场规模达 39.1 亿美元，云端训练、云端推理和终端训练芯片分别占 51.5%、8.8% 和 39.7%。

二　美国人工智能芯片全面领先，中国崭露头角

美国和中国是全球人工智能产业的领头羊。在人工智能芯片领域，美国延续技术强国地位，在各类人工智能芯片上均有美国知名企业坐镇，

我国与美国相比仍存在较大差距。据美国市场研究机构指南针智慧公司发布的"2018年度全球人工智能芯片公司排名",在前24名企业中美国占13席,且独占前6席,依次为英伟达、英特尔、IBM、谷歌、苹果、AMD,我国排名第二,但只占5席,第一名是位列十二的华为。

我国目前也涌现出20余家人工智能芯片企业,在部分技术领域世界领先,寒武纪、华为、芯原、地平线、中星微电子、比特大陆、进想(Imagination)科技、百度等企业均推出人工智能芯片产品,并在手机、安防、自动驾驶、智能家居等领域实现落地。例如,寒武纪发明了全球首个深度学习处理器芯片和指令集,拥有终端人工智能芯片知识产权(IP)和云端人工智能芯片产品。华为于2018年10月全联接大会上发布了分别面向云端和终端的人工智能芯片(昇腾910和昇腾310),并提供人工智能全栈式解决方案,2019年还将推出更多人工智能芯片IP和产品。

三 人工智能芯片即将井喷,GPU仍将占主导

人工智能芯片市场规模将在人工智能与各行业加速融合的带动下迅速放大,如据中金公司预测,至2022年各类人工智能芯片的年复合增长率预计将达40%~80%,人工智能芯片总市场规模将达300多亿美元。训练过程仍将集中在云端,且以GPU为主,英伟达在人工智能训练芯片领域的地位难以撼动。FPGA可以小批量、快迭代、低成本的优势迅速满足众多较轻运算量需求,在大数据中心、小批量终端设备中继续占据一席之地。随着人工智能碎片化应用需求的增加,ASIC凭借小尺寸、低功耗、高能效等优势,将成为人工智能芯片发展中最活跃的部分,以及众多企业抢滩人工智能领域的登陆点,尤其是在终端推理芯片领域,种类和数量都将大幅增加。随着算力的增长,云端推理与云端训练芯片的界限日趋模糊,如谷歌的TPU从

第二代起已兼具训练和推理能力。为更好服务客户，人工智能芯片企业将可同时提供云端和终端产品，形成"端云一体化"模式。

四 积极探索更多结构，建立生态支持系统

目前采用冯·诺依曼架构计算芯片实现神经网络算法只是人工智能芯片解决方案之一，且会随着智能化要求的不断提高而面临瓶颈，学术界和产业界正积极探索更多解决方案，如推进计算视觉、自然语言处理、决策推理等算法技术的发展；研发可直接模拟人脑神经结构、提供更高算力、体积和能耗可与大脑媲美的神经形态芯片。美国IBM公司从2008年起已在国防部资金支持下开始研制类脑芯片，现已开发出"真北"芯片、仿真器、编程语言、多个针对特定应用的程序包，支持从设计到调试和部署的全过程，集成"真北"芯片的超级计算机也已部署在美国国家实验室和空军实验室等机构进行测试，但要真正实现产业化至少还需10~15年的时间。

人工智能芯片要获大批量应用，强烈依赖其生态系统的完善，如是否支持国际主流开源计算框架，开发平台是否简单、易用和高效等。英伟达的GPU能迅速占领人工智能芯片市场，除了GPU适于并行计算，更重要的是英伟达已建立起的并为广大芯片开发人员所熟悉的开发平台，形成了类似于发展中央处理器（CPU）所面临的Wintel壁垒，有效阻止了后进者。目前，主流开源框架由国际主导，我国人工智能芯片企业在支持上述框架的同时，也在积极开发自主框架，如华为公司于2018年10月与芯片一并推出的MindSpore计算框架。

研制成本高、资金投入变现困难是现阶段人工智能芯片发展的最大障碍之一，尤其是ASIC，须以需求为导向、与应用紧密结合，挖掘百万级用量的应用场景。例如，谷歌自身服务器的庞大使用需求足

以支撑其TPU的研制和迭代；华为依托完备的通信设备产品线和卓越的全球竞争力，既可实现自研人工智能芯片的使用，又可提升通信设备的性能和实现差异化竞争，展现巨大发展前景。

五 加强核心技术攻关，长线整体推进产业发展

我国应在国家大力发展集成电路的背景下，采取中长期发展策略，通过出台政策、增加投入和设立专项等方式，既推进人工智能芯片相关材料、算法、计算架构、器件、辅助设计工具的研究，也注重人工智能芯片产业布局的完整性。与此同时，人工智能芯片并不能替代中央处理器（CPU）、GPU、FPGA、存储、功率、射频等芯片，我国要实现制造强国发展目标，应认清形势，加强核心关键芯片自主研发，夯实芯片产业基础实力，既利用好人工智能芯片快速发展的牵头作用，又要避免资本过度追捧而导致的大量人力和资金浪费，延误芯片产业发展时机。

参考文献

"The 2018 CompassIntel A-List Index in Artificial Intelligence Chipsets"，https：//www.compassintelligence.com/a-list-index-in-AI-chipset.html，2018 - 6 - 20.

"A Rare Peek Into Ibm's True North Neuromorphic Chip"，https：//www.nextplatform.com/2018/09/27/a-rare-peek-into-ibms-true-north-neuromorphic-chip/. September 27，2018.

"Nvidia to Collaborate with Darpa to Develop Systems for Post-Moore's Law Era"，https：//blogs.nvidia.com/blog/2018/07/24/darpa-research-post-moores-law/. Jyly 24th，2018.

"Trump Blocks Takeover of Lattice Semi", https://www.eetimes.com/document.asp?doc_id=1332294#. September 14, 2017.

"Google preps TPU 3.0 for AI, machine learning, model training", https://www.zdnet.com/article/google-preps-tpu-3-0-for-ai-machine-learning-model-training/. May 8th, 2018.

B.11
计算机视觉步入黄金发展期

张瑶 王淼 邱凯达*

摘　要： 近年来，计算机视觉行业迅速成长为人工智能领域最热门的技术之一，全球计算机视觉产业规模稳步增长，我国计算机视觉产业以高于全球的增速快速增长。计算机视觉已成为我国落地应用最好的技术之一，科技巨头、创业公司和传统安防厂商成为我国计算机视觉赛道上的三类重要参与者，创业公司虽然加入赛道较晚，但技术领先，发展迅速，已经成为计算机视觉领域的引领者。从技术角度来看，深度学习算法的应用使计算机视觉的准确率大幅提升，目前人脸识别技术已达到商用水平，视频结构化技术尚处于快速发展阶段；从应用场景看，计算机视觉技术已在安防行业率先落地，在金融、医疗、教育等行业逐渐成熟，预计未来计算机视觉技术将在数据种类少、数量多，对误判容忍度高的场景进一步发展。

关键词： 计算机视觉　深度学习　人脸识别

---

* 张瑶，经济学硕士，主要跟踪国内外人工智能、虚拟现实等多个领域企业、战略规划和产业的发展动向，在人工智能、虚拟现实领域具有丰富的研究经验；王淼，国家工业信息安全发展研究中心工程师，博士，研究方向为人工智能产业发展和投资、新兴产业；邱凯达，国家工业信息安全发展研究中心助理工程师，学士，研究领域为人工智能产业、政策。

一 产业发展渐入佳境，蓄势待发方兴未艾

1. 深度学习助力计算机视觉发展

计算机视觉（Computer Vision）是指用计算机来模拟人的视觉系统，实现视觉功能，从而理解、适应外界环境，以及控制自身的运动。计算机视觉始于20世纪50年代，用于识别和分析二维图像，如光学字符识别、显微图片的分析解释等。60年代开启了三维场景下计算机视觉研究，可以借助计算机程序将二维图像转换成三维结构进行分析。70年代，麻省理工学院人工智能实验室首次开设了计算机视觉课程。1982年，大卫·马尔（David Marr）《视觉》一书问世，标志着计算机视觉成为一门独立学科。进入21世纪以后，随着深度学习概念被提出，机器可以通过训练自主建立识别逻辑，图像识别准确率从70%的量级逐步提升到90%的量级，达到可商用水平，新创公司不断涌现，计算机视觉迎来了快速发展。

2. 全球计算机视觉产业规模稳步增长

从市场规模来看，2015年全球计算机视觉市场规模为280亿元，2016年、2017年分别为320亿元和360亿元，增长率分别为14%和12%，增速稳定。2018年市场规模约为420亿元，预计到2020年，市场规模将高达560亿元（见图1）。从企业数量来看，2016全球专门从事计算机视觉的公司数量在180家左右，约占各类人工智能创业公司总数的20%，到2018年已增长到310家左右。

我国计算机视觉产业增速高于全球。得益于技术的快速成熟和广泛的商业化渠道，我国计算机视觉产业取得了快速发展。跟随着人工智能发展的浪潮，计算机视觉已成为在我国落地最好的人工智能技术之一，在技术水平和落地场景上都达到了全球领先地位。近几年我国计算机视觉产业规模增速高于全球，占全球市场的份额逐

年上升。2016年和2017年，我国计算机视觉产业规模分别为35亿元和45亿元，增长率分别为25%和28%，高于全球增速的14%和12%，占全球市场的份额分别为11%和12.5%，正在逐年上升，2018年，我国的计算机视觉产业规模约达60亿元，预计到2019年，市场规模将达85亿元，到2020年，市场规模将达120亿元。根据36氪研究院不完全统计，2016年国内从事计算机视觉的公司数量在105家左右，至2018年，国内的计算机视觉与图像领域公司数量已经多达140家，我国各年度计算机视觉新增企业数量见图2。

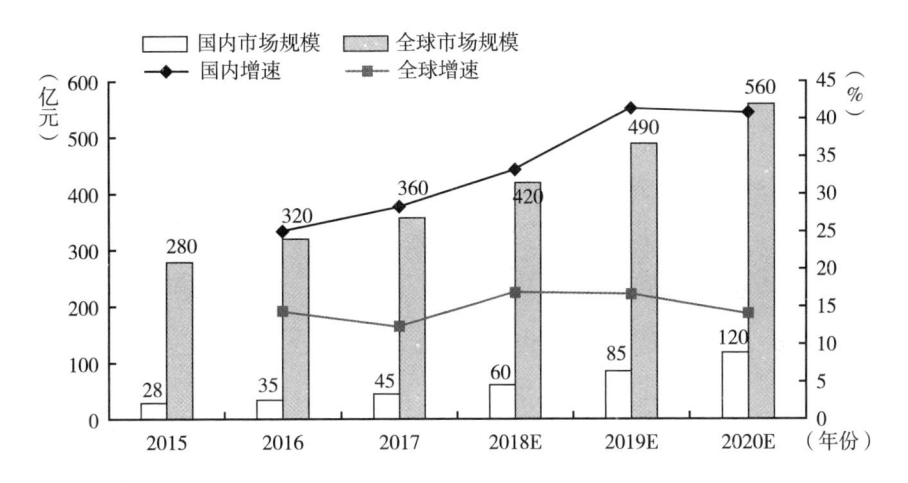

图1 计算机产业规模全球与我国对比

资料来源：国家工业信息安全发展研究中心，根据公开资料整理。

3. 计算机视觉是我国最受资本青睐的人工智能细分领域

2018年，多家计算机视觉独角兽企业获得了高额融资。4月，商汤科技获得6亿美元融资；5月，商汤又获得了6.2亿美元的融资；6月，依图科技获得了2亿美元C+轮融资；7月，旷视科技拿下了6亿美元的D轮融资；同月，依图科技也获得了1亿美元的融资；10月，云从科技获得10亿元融资。仅仅一年时间，这四家公

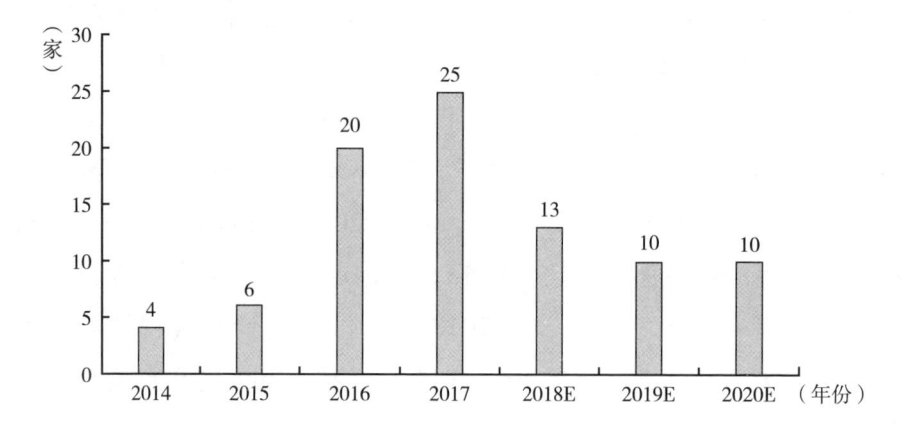

图 2　2014～2020 年中国计算机视觉新增企业数量

资料来源：36 氪研究院。

司就已经拿下了超过 100 亿元人民币的融资，而知名市场调研分析机构 CB Insight 的数据显示，2017 年中国人工智能创业公司的融资总额也不过 500 亿元人民币（73 亿美元）。计算机视觉之所以成为最受资本青睐的领域，主要是基于以下原因。一是计算机视觉技术快速成熟，且技术相对有深度，达到了商业化级别。随着深度学习算法的引入，计算机视觉识别准确率大幅提升。此外，工业界、学术界都先后推出了开源工具和框架，用于深度学习模型训练，极大降低了人工智能技术在工业实践中的入门门槛。二是计算机视觉数据基础雄厚，数据采集方便，促使技术能够快速变现。图像和视频数据采集具有非接触性的特点，在自然状况下就可以收集到大量数据，而其他技术则依赖于专门的数据采集。三是计算机视觉的应用场景广泛，且不同应用场景对技术水平的要求不一样，可伴随着技术的成熟逐渐在不同场景落地。安防、金融、零售、医疗、无人驾驶、工业生产等各个场景都可以用到计算机视觉技术，且对识别准确率的要求不一样，所以随着技术进步，可以逐步递进，在不同场景落地。

二 产业格局渐趋明朗，各阵营机遇并存

1. 互联网巨头纷纷展开收购，完成战略化布局

在计算机视觉领域，国际互联网巨头对初创企业的并购案例频发，崭露头角后快速成长的创业企业通常最终被各大巨头收购（见表1）。苹果、英特尔、脸书、谷歌和亚马逊等美国互联网巨头已经沿着与主业有协同效应的方向布局。

表1 国际巨头收购事件

时间	公司	事件
2014年7月	Twitter	收购基于深度学习的计算机视觉船业公司Madbits
2015年10月	苹果	收购手机人工智能技术公司Perceptio
2016年1月	苹果	收购使用人工智能识别和对面部表情作出反应的初创公司Emotient
2016年5月	亚马逊	收购欧洲顶级计算机视觉团队
2016年6月	脸书	携手谷歌、VisionLabs成功开发出通用开源计算机视觉开发平台
2016年7月	谷歌	收购为智能手机开发图像识别技术的巴黎初创公司Moodstocks
2016年8月	苹果	2亿美元收购人工智能初创公司Turi
2016年9月	苹果	收购印度学习初创企业Tuplejump
2016年10月	谷歌	收购视觉追踪技术创业公司Eyefluence
2017年8月	谷歌	收购计算机视觉公司AIMatter
2017年8月	脸书	收购一家德国计算机视觉初创公司Fayteq
2017年12月	苹果	3000万美元收购开发出视频背景移除技术的丹麦机器学习初创公司Spektral
2018年6月	英特尔	153亿美元收购以色列专注于智能汽车驾驶的计算机视觉公司Mobileye

资料来源：国家工业信息安全发展研究中心整理。

2. 我国计算机视觉创业公司迅速成长，占据大半市场份额

总体来看，我国计算机视觉赛道上有三类参与者：一是传统工业

巨头,二是互联网巨头,三是创业公司。其中,工业巨头直接面向该领域客户,在该行业已有较长时间积累,凭借着自身丰富的经验,以及深厚的产业链上下游经验,目前在安防市场中占领一席之地;互联网巨头长期从事人工智能相关研究,基础雄厚;创业公司虽然加入赛道较晚,但技术领先,发展迅速,已经成为计算机视觉领域的引领者。全球权威市场调研机构IDC发布的数据显示,2017年计算机视觉"四小龙"——商汤科技、依图科技、旷视科技、云从科技的总体市场份额达69.4%,其中商汤科技为20.6%,依图科技为17.3%,旷视科技为16.4%,云从科技为15%,其他厂商总体占市场30.6%的份额。

3. 国外企业实现产业链全覆盖,我国产业链中下游竞争激烈

计算机视觉产业链分为三层,产业链的上游是基础层,包括芯片、算法和数据;中游是技术提供层,包括生物特征识别、光学字符识别、物体与场景识别、视频对象提取分析等技术;下游是场景应用层,包括安防、金融、交通、商业、医疗等具体的场景。目前在产业链上游,芯片和算法领域,国际领先的计算机视觉开发商已形成优势,国内创业公司从事核心技术的不多。国外领先的巨头公司多数在产业链的上、中、下游都超前布局。国内计算机视觉创业公司大多缺席上游的芯片和算法开发环节,主要集中于中下游技术提供层和场景应用层,各家创业企业的业务相对同质化,目前大多集中在图像识别、人脸识别等技术的应用市场,竞争日渐激烈。

三 核心技术不断突破,识别能力快速提升

1. 深度学习是当前计算机视觉领域的核心技术

深度学习通过构建多层隐含神经网络模型,并利用海量数据训练模型来提取最有利的参数,将简单的特征组合抽象成高层次的特征,实现抽象表达。深度学习是神经网络发展到一定时期的产物。2012

164

年，Hinton 团队在 ImageNet 上引用了深度学习。2013 年后，百度、腾讯和京东相继成立了深度学习研究院。2016 年，AlphaGo 击败围棋世界冠军李世石。这一切表明，深度学习的影响力正不断扩大。在计算机视觉等领域，深度学习已经取得了显著的成绩，但是还有一些问题亟待解决，如理论创新问题、训练模式优化问题、应用规模化问题。随着开源生态的完善，未来将会有更多的人参与深度学习，上述问题与挑战也终将被解决和完成。未来深度学习发展将会呈现多平台、深层次、全网络的趋势。

2. 人脸识别是计算机视觉领域热门应用的重要技术支撑

人脸识别是目前计算机视觉领域中最热门的应用，包括三种验证模式，分别是1∶1验证模式、1∶N验证模式、M∶N验证模式。1∶1验证模式即计算机对当前人脸与人像数据库进行快速人脸比对并得出是否匹配的过程。1∶N验证模式则是在海量的人像数据库中找出当前用户的人脸数据并进行匹配。M∶N验证模式是通过计算机对场景内所有人进行面部识别并与人像数据库进行比对的过程。目前，人脸识别技术已经被广泛应用于安防领域。

3. 光学字符识别技术水平已经成熟但商业化场景稀缺

光学字符识别技术（Optical Character Recognition，OCR），是指采用光学方式，将图像中的文字转换为黑白点阵的图像文件，通过识别软件将图像中的文字转换为文本格式，供文字处理软件进一步编辑加工的技术。光学字符识别技术于1929 年被提出，如今技术已相对成熟。在受约束的环境中（如中文文档处理），OCR 技术识别准确率可达99%，甚至100%。但在实际应用中，光线不足、过曝、遮挡等环境因素，以及图像本身分辨率低、焦点模糊、图像排版不一等问题，给 OCR 的准确识别带来难题。在具体场景下，OCR 技术主要通过扫描将各类印刷体的文档证件自动识别录入计算机终端，提高信息录入效率。OCR 技术目前已应用于身份证件识别、单据识别、名片识别、车牌识别等场景，但由于该技术是通过提高文本输入效率来间接产生价值，属于非刚需型技术，目前商业化场景较为稀缺。

4. 视频结构化技术处于快速发展阶段

视频结构化技术即利用计算机视觉技术对视频图像进行智能分析，对其中的人、车、物等关键信息进行提取，同时进行文本的语义描述，以达到信息的快速检索、查询目的。视频监控技术所面临的巨大市场潜力为视频结构化技术的落地发展提供了广阔的应用前景。伴随监控视频数据量呈爆炸式增长，其对视频数据处理技术提出更高的要求。传统的人工处理方式无法满足对效率和质量的需求。若要充分挖掘监控数据信息，就必须进行视频结构化处理。目前，安防行业正大力推进视频结构化技术落地。商汤科技推出"神威"视频结构化服务器，旷视科技针对公安机关推出了系列智能视频侦察产品。

四 安防行业进入智能时代，多场景渐趋成熟

根据技术在不同场景的落地应用情况对应用成熟度进行划分（见图3）发现，目前计算机视觉技术在安防、生活娱乐等领域的应用成熟度较高，教育、金融、商业、工业生产、交通等领域正在逐渐成熟，医疗、物流、环境等领域应用成熟度相对较低。

安防领域是计算机视觉目前落地最成功的领域，人脸识别等生物特征识别技术已达到较高的准确率。视频监控的高清化、网络化、智能化，使实时数据获取及传输更加方便快捷。同时，随着"雪亮工程""平安城市"等工程建设的不断推进，产生的视频数据量将日益激增，计算机视觉在安防领域的应用将进一步成熟。计算机视觉在安防领域应用主要包括：人证合一，即通过手机拍摄证件，手机会快速扫描并读取图像中各栏信息，并存入证件信息数据库；安防影像分析，通过使用该项技术处理海量监控视频，提升监控效率；防暴预

	图像处理			
	生物特征识别	场景或物体识别技术	光学字符识别技术	视频处理
安防	疑犯识别	人流管理	证件识别	疑犯追踪
教育	校园身份认证	智慧教室	机器阅卷	视讯教室
交通		无人驾驶/违章识别	车牌识别	智慧交通
金融	远程开户/刷脸付款	车险定损	证件识别/单据识别/名片识别	
生活娱乐	美颜APP、身份认证	AI拍照/视频广告/以图搜图/鉴黄	移动支付	
商业	VIP客户识别	人流管理/货架管理/无人售货机/商品识别	条码识别	客户画像分析
工业生产		无损检测/自动分拣	条码识别	
医疗	细胞病理诊断	影像辅助诊断	条码识别	
物流		无人货仓/物品分拣	条码识别	
环境		森林防火/水质监测/土壤监测		

起步阶段　初步成熟　较为成熟

图3　计算机视觉应用场景成熟度

资料来源：国家工业信息安全发展研究中心整理。

警，即通过对一些典型恐怖分子丢包等行为动作数据集的学习，准确识别视频中特定的"疑似暴恐动作"，发出预警；考勤系统，目前常用的是指纹和人脸识别考勤系统。

在金融领域中，计算机视觉主要通过人脸识别技术加其他认证方式来解决身份认证问题，从而保障交易安全。在部分场景，人脸识别被用来替代银行卡、优盾等实物，或者替代较为烦琐的身份认证方式（如验证码），达到提升用户体验、降低交易成本的作用。个别银行已开始在全国试点刷脸取款，人脸识别认证在银行领域的商业化逐渐起步。计算机视觉在金融领域的应用主要包括：刷脸开户，客户可以通过自拍进行身份验证，计算机会自动比对是否为本人开户，提升线上金融的便利性；支付验证，例如刷脸支付能够避免手机被盗短信验证支付的安全隐患；表单验伪，保险公司通过使用 OCR 技术自动识别报销单据，并进行单据的验伪；电子签名，对于电子签名中包含的关键信息进行扫描和识别，进行身份认证。

随着汽车普及进程的加快，各大城市的交通矛盾日趋严重，交通安全、交通堵塞等问题日渐平常，计算机视觉的更广泛应用可有效缓解此类交通问题。车牌识别、车辆违章抓拍等技术已被广泛应用，疲劳驾驶识别、车流实时跟踪等技术也在发展试验中，随着计算机视觉与其他交叉学科的进一步发展，建立起一个大范围、全方位、实时、准确、高效的智慧交通系统将成为可能。计算机视觉在交通领域的应用主要包括：出行安全，网约车相继上线"人像认证"功能以确认司机身份；城市大脑，依据路口人流量和车流量情况智能调节信号灯，并通过摄像头记录车祸现场以及周边交通情况；无人驾驶，利用计算机视觉识别感知驾驶环境，从而引导车辆进行自主驾驶决策。现在辅助驾驶成熟度更高，完全自动还处于研发测试阶段。

在商业领域，近几年来，生鲜超市、无人货架、自助售货机等新模式、新业态遍地开花，场景逐渐丰富，新技术应用不断成熟，每个领域都孕育着巨大的机遇。新零售已成为不可逆转的潮流，人工智能、物联网、大数据等相关技术不断升级，持续催生新型商业模式产生和落地。人工智能技术在零售领域应用逐步深入，如何通过技术力量帮助零售业实现"降低成本、提升效率和提升体验"成为发展的关键。计算机视觉在商业领域主要可以应用于：VIP 客户识别，摄像头自动检测 VIP 客户，计算机根据企业数据库中该客户的偏好信息为其提供个性化的服务；门店用户画像，通过视觉识别技术，计算机可对线下客群实时标注；电商营销，视频分析技术精准匹配广告与客户需求，提升转化率。图片搜索技术能够让用户在电商平台用图片而非语言描述搜索相关商品。

计算机视觉技术的成熟进步为生活娱乐领域带来了新的活力。各厂商均推出了具有人脸解锁功能的手机，针对手机拍照、影像处理功能做出优化，实现相册自动分类、自动美颜等功能。人脸识别、场景识别等技术也使直播、短视频等应用的用户体验得到大幅提升，同时，这些技术也被广泛用于为影像内容进行智能审核和分类等。计算机视觉在生活娱乐领域的应用主要包括：智能手机，人脸解锁功能已十分普及，此外手机 APP 可提供人像一键美妆、增添饰品、动态贴图美化等功能，深受年轻人追捧；互联网，互联网行业数据较为丰富，数据可得性较高，容错率较高，技术难度相应下降，如直播行业的主播美颜、鉴黄、广告推荐视频分析等。

计算机视觉技术目前在医疗领域的应用主要包括：单据识别，通过拍摄病历、药品单、缴费单等单据，计算机可以将各类单据自动识别为文字；医疗影像分析，通过对 CT、X-Ray 等医学影像资料的特征（形状纹理等）进行提取和识别，辅助医生判断病情，提高效率与准确率。计算机视觉在医疗领域的应用空间巨大。在临床分析环节，计算机已有较成功的案例，如在区分良性和恶性皮肤病变的表现上已可媲美专业的皮肤科医生。同时，对于一些放射影像和病理学影像的解读也可辅助医生进行医疗诊断。但就目前来说，计算机视觉在医疗领域的应用仍处于起步阶段，主要原因在于医疗影像标识成本过高。随着有效数据量的增加，计算机视觉在医疗领域将会有更广泛应用。

工农业对非技术类人工需求较大，需要将实时精确检测等特点与计算机视觉可解决的问题相匹配。现有技术下，利用分形理论、小波变换等现代数学的分析方法实现算法的快速性和有效性，计算机视觉能够检测出肉眼检测不出的微小瑕疵，过滤人类主观意见，使检验更加精准，高效生产出合格产品。计算机视觉在工农业生产领域的应用主要包括：无损检测，已有许多案例将计算机视觉技术产品用于质量检测，可用于代替产品质检人员，避免了接触损伤，提高了瑕疵品检测率；高难度/高危作业，通过视觉监控辅助完成不适合人工的高难度或危险环境下的工作；精细农业，计算机视觉技术可为农业提供参数测量、动态监测、杂物识别、品质检测及分级等，使精细化农业成为可能。

五 技术加速向硬件端扩散，应用场景加速扩张

1. 嵌入式、移动端计算机视觉系统的市场占有率将逐步扩大

在硬件层面，人工智能专用处理芯片以及嵌入式感知系统研发正逐渐成熟，利用前端设备就能完成相对基础的视觉感知，并保证算法的实时性，实现前端智能。这将极大地扩展计算机视觉产品的应用范围。在算法和软件层面，压缩算法模型技术已成为今后计算机视觉技术的重要研究方向之一，为计算机视觉技术在嵌入式、移动端的应用提供技术基础。在产品应用层面，基于计算机等设备的视觉技术已经不能完全满足人们日益增长的应用需求，无人机航拍、美颜相机、增强现实穿戴设备等各方面应用都将促进嵌入式、移动端计算机视觉系统的蓬勃发展。但是也需要认识到，前端智能系统仍有诸多重要问题有待解决，如稳定性、功耗、存储空间、数据及系统更新的网络传输等，这将是移动端计算机视觉系统落地和扩张的障碍所在。

2. 场景数据种类少、数量多，对误判容忍度高的场景将进一步发展

计算机视觉技术落地到具体场景时，对数据的种类与数量、技术的难易度，以及误判的容忍度有不同的要求，在社交、咨询、游戏、电商等移动互联网场景，以及门禁、反恐、人流检测等安防领域，因为数据比较容易获得，以及对误判容忍度相对较高，发展非常迅速。接下来，预计零售、物流、制造业等企业场景以及家庭安防等家居场景将开始成熟。另外，无人驾驶及医疗对辨别的准确性要求高，数据

复杂程度高，短期内很难实现大规模商用。

3. 软硬件一体化是下一步发展趋势

在具体领域，如安防领域的发展，已呈现由前期的技术驱动逐渐变为市场驱动。在技术发展前期，厂商的技术率先突破可以获得更多订单，但随着技术发展，各大技术厂商的识别准确率已相差无几，提供算法解决方案已逐渐进入买方市场。此时算法及识别准确率的高低已不再成为客户的关键选择因素，更重要的是市场端和需求端，能为客户提供更个性化服务的厂商将可以获得更多订单。类似海康威视、大华等有技术实力，专注于安防领域，且能直接对接终端用户的硬件厂商，由于可给用户提供更好的一体化解决方案，会逐渐牢牢把握安防领域的话语权。因此，能根据具体场景提供软硬件一体化解决方案，且具备工程化能力，更靠近用户端的厂商将更可能占据市场的大部分份额。

参考文献

中金公司：《计算机视觉：商汤向左、旷视向右》，2018年9月。
广证恒生：《计算机视觉为驾驶保驾护航》，2018年9月。
艾瑞咨询：《2017年中国计算机视觉行业研究报告》，2017。
信达证券：《刷脸时代来临，关注人脸识别机遇》，2017年10月。
艾媒咨询：《2017上半年中国计算机视觉专题研究报告》，2017。
36氪研究院：《机器之眼，看懂世界——计算机视觉行业研究报告》，2016年9月。

B.12
服务机器人临近爆发增长期

赵 杨 刘晓馨 梁冬晗[*]

摘 要: 随着人工智能技术在机器人领域的广泛应用,服务机器人正在向智能化的方向不断发展。全球服务机器人市场规模稳步增长,世界主要国家纷纷将服务机器人产业上升到国家战略高度,产业迎来发展的黄金机遇期,国内外企业依据自身优势争抢市场发展先机。服务机器人多领域应用加速落地,物流机器人是商用率先爆发的领域,扫地机器人符合家用刚性高频需求,市场规模井喷。

关键词: 公共/家庭服务机器人 激光雷达 语音识别 步态技术

一 服务机器人产业整体呈现高速增长态势

1. 全球服务机器人市场规模稳步增长,中国服务机器人产业高速发展

近年来,全球服务机器人市场快速增长,世界主要国家纷纷将服

---

[*] 赵杨,国家工业信息安全发展研究中心工程师,研究方向为人工智能、车联网等;刘晓馨,国家工业信息安全发展研究中心高级工程师,主要从事人工智能、新一代信息技术等领域的研究;梁冬晗,国家工业信息安全发展研究中心工程师,研究方向为人工智能、电子信息产业等。

务机器人产业上升到国家战略高度,产业迎来发展的黄金机遇期。目前全球至少有40个国家,近700家企业涉足服务机器人开发。中国服务机器人在市场需求增长和消费水平提升双轮驱动下,不断向各行业各领域渗透,市场发展迅猛,整体规模呈现高速增长态势。国家工业信息安全发展研究中心依据IFR数据预计,2018年全球服务机器人市场规模增长24.14%,达108亿美元。其中,中国服务机器人市场规模达18.4亿美元,同比增长43.9%,高于全球市场增速(见图1和图2)。

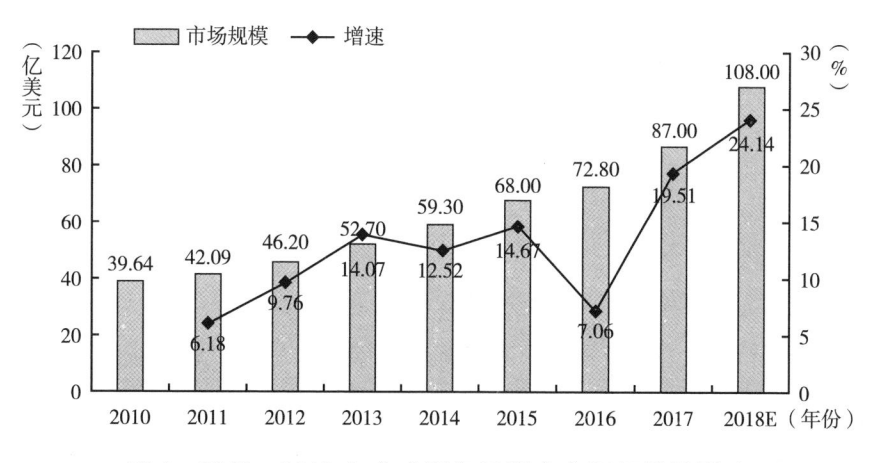

图1 2010~2018年全球服务机器人市场规模及增速

资料来源:国家工业信息安全发展研究中心整理,IFR。

2. 世界主要国家推进服务机器人产业战略措施因国情不同而有所差异

近年来,全球主要国家将服务机器人产业上升到国家战略高度,纷纷出台相应政策措施,加大资金扶持力度,制定技术发展路线图,推动服务机器人技术创新发展。总体来看,美国、欧盟和日本处于发展的第一阵营,韩国、中国紧随其后。如美国采取军用技术民用化的战略路径支持服务机器人产业快速发展;欧盟凭借在工业领域良好的基础鼓励机器人民用化;日本充分运用机器人技术解决高龄化及劳动力短缺等社会课题;韩国起步虽晚但在政府大力推动下产业得到快速发展;中国政府已将服务机器人产业作为国家政策重点支持领域,出

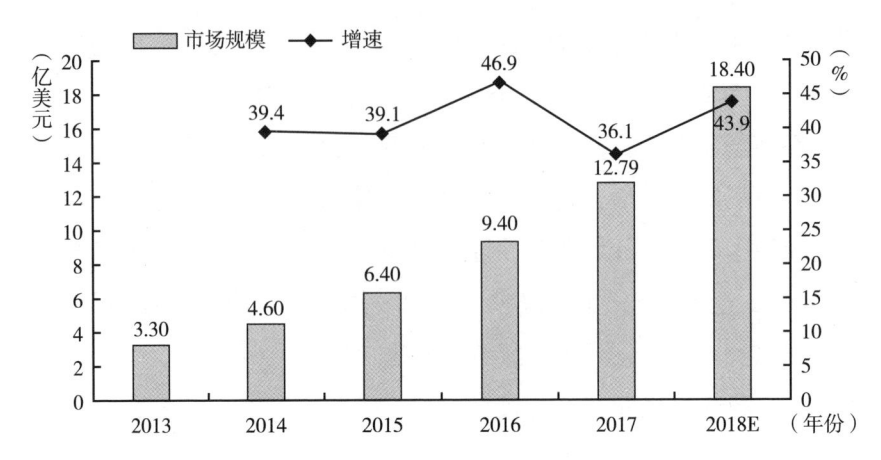

图2 2013～2018年中国服务机器人市场规模及增速

资料来源：国家工业信息安全发展研究中心整理，IFR。

台了一系列政策措施，推进公共服务机器人系列化，个人/家庭服务机器人商品化发展。

3. 国际巨头企业技术和资本优势较为突出，国内企业在应用领域占据优势

以谷歌、亚马逊为首的科技巨头为了强化服务机器人布局，在打造自身产品、加强研发投入的同时，更注重通过投资并购、产业联盟等形式进军该领域，凭借技术优势和资本优势不断迭代，组建网络化的矩阵布局，抢占服务机器人制高点。资本巨头也不甘其后，软银和阿里、富士康合作推动仿人型机器人Pepper的研发和销售。科技、互联网与资本巨头纷纷投资智能服务机器人领域，支持机器人软硬件技术快速发展，服务机器人产品设计、制造与系统集成能力逐渐提升。国内企业技术、专利基础较为薄弱，在应用领域占据优势。国产机器人已经有一些单品走向世界，如无人机、搬运机器人、扫地机器人、科教机器人、电动平衡车等。中国个人/家用服务机器人的发展速度较公共服务机器人更快。在个人和家庭服务机器人的应用上，我国已涌现一批服务机器人企业，开展先行应用，家电企业也纷纷进入

该领域。公共服务机器人在医疗、物流、金融等公共服务领域也实现了一系列突破性应用,如骨科手术机器人、物流仓储机器人等。

4. 新创公司不断涌现,应用场景选取成功与否成为企业发展关键

服务机器人热度快速攀升,从家政、教育、医疗到客服、物流等,逐步向各行业融合渗透,新创企业不断涌现。依据IFR研究数据,服务机器人新创公司类型和数量逐渐增多,约占机器人公司总数的29%。其中,美国约有200家新创公司都在开发服务机器人,欧盟和瑞士有170家,亚洲则有135家。服务机器人成功的关键在于目标应用场景的合理选取。梳理全球服务机器人成功产业化的企业发现,它们选取应用场景时,满足用户体验好、未来应用衍生多、市场空间广这三大要求。如IRobot选取家居清洁这一应用场景,相较于其他智能机器人,家居清洁机器人价格较低,属于刚性、使用频次高、个性化需求低的领域,目标群体面向全球亿万家庭;Intuitive Surgical医疗手术机器人,应用范围涉及骨科、腔镜外科、神经外科等,其具备高精度、微创、能够遥控操作等优势,也是刚性需求且市场空间广阔的领域。

二 服务机器人技术持续向智能化方向发展

随着人工智能技术在机器人领域的广泛应用,服务机器人正在向智能化的方向不断发展。目前,服务机器人主要包含人机交互及识别模块、环境感知模块、运动控制模块等核心技术模块。依托于上述核心技术,结合硬件、操作系统、控制元件等,形成具备一定行走能力和交互能力的机器人整机。

1. 激光雷达是感知模块的核心,多传感融合是必备

感知模块中包含传感器、陀螺仪、激光雷达等设备,相当于人的眼、耳、鼻、皮肤等。在传感器方面,一般综合应用激光雷达、毫米波雷达、3D摄像头等多种传感器,从而保证服务机器人的安全性和

正常使用。其中激光雷达是感知模块的核心,也是技术难点,多传感融合能够保证安全。此外,若要实现精确服务,除了定位外,还需要结合定位信息对环境进行识别,目前的主流技术是SLAM技术,即时定位与地图构建,激光雷达则是SLAM的重要入口。

2. 语音技术已达商用门槛,语义理解尚需时日

交互模块包括语音识别、图像识别等,相当于人的大脑。其中,最重要的是语音识别和语义分析两部分。语义分析包括很多种,进文本,出语音;进语音,出语音;进语音,出文本等。其中,进语音、出语音技术最难。目前语音技术较为成熟,已达商用门槛,也是我国企业落地最多的应用技术。语义理解技术的突破仍需时日,自然语言分析技术大体可以包括词法分析、句法分析和语义分析三个层面,其中词法和句法基本解决,语义目前仅是浅层处理。

3. 步态技术侧重精准控制,非步态技术负责简单移动

运控模块主要包括舵机、电机、芯片等器件。服务机器人对控制精确度的要求较低,其核心仍然是算法和交互体验,所以运动控制技术在服务机器人技术群中的重要性较低。目前服务机器人的运动控制技术主要分为两种,步态行走和非步态行走。步态行走重点在于精准控制,关键技术包含液压控制和电机控制等;非步态行走则是简单移动,即在机器人底部装上万向轮,供其简单移动,结构较为简单,其关键技术主要是电机控制。

三 服务机器人多领域应用加速落地

1. 医疗机器人、物流机器人、公共事业领域机器人等服务机器人,是针对具体的垂直场景进行定制,多为2B商用,对精度、准度和稳定性要求较高

医疗机器人包括手术、辅助、康复和医疗服务机器人四大类,其

中手术机器人已逐渐成为机器人领域的"高需求产品",但精确性要求高,因此医疗机器人生产的技术门槛和研发制造成本相对较高。且由于医疗产品准入机制严格,极大地提高了医疗机器人产业化的门槛。物流机器人大致可以划分为仓库机器人、配送机器人两大类,由于仓库机器人任务容易系统化和量化,产品质量及稳定性显著提升,所以率先实现爆发和普及。公共事业领域机器人包括公共服务大厅、客服、零售、教育等机器人以及无人机等产品,其中客服和大厅机器人在金融、教育、交通等公共事业领域已逐渐落地。随着语音交互、环境感知、激光雷达等软硬件技术的发展,客服、迎宾、餐饮等机器人产生了一些示范应用。

2. 家政机器人、早教机器人、陪护机器人等家庭/个人服务机器人,主要在生活场景中与人进行交互,以2C销售为主,注重人机交互体验,个性化需求高

以扫地、擦窗等清洁功能为主的家政服务机器人,满足现代人的生活需求,市场井喷;早教机器人具备培养孩子学习兴趣、开发孩子的潜能、全方位训练孩子的学习能力,以及协助父母照顾宝宝等优势,发展前景广阔,引起市场广泛关注;随着人口老龄化加剧,家庭陪伴式机器人产品需求量大,但人机交互技术、智能化产品欠缺,使产品增量不明显,低端同质化产品居多。

四 中外企业依据自身优势争抢发展先机

1. 国外企业研发实力具有领先优势,国内企业积极跟进

综观全球领先的服务机器人企业 iRobot 和直觉外科公司等高科技企业,都拥有专业的科研团队,具备强大的研发实力,并且公司创始人在机器人领域深耕已久,是知名专家和教授。目前,国内企业的研发实力较国外企业仍有一定差距。但尽管国内企业的技术背景没有国

际巨头强大，仍通过组建研究团队和扩充研究队伍，加强研发实力。

2. 国外企业抢先布局专利，国内企业另辟蹊径

当前，国际巨头们积极开展相关应用场景的专利布局，抢夺先机，为自身赢得更多筹码。我国企业也积极开展专利布局或在专利布局弱的领域，选取其他方式进入相关应用场景。这也提示我国企业，一旦有机会成功进入新的应用场景，抓紧时机抢占专利，为自身发展赢得更大机遇。

3. 国内企业具有国内市场优势，与国外企业市场端差距逐渐缩小

相对于工业机器人，国内外服务机器人企业差距较小。一是由于服务机器人通常需要针对特定市场进行研发，国内服务机器人企业与行业结合相对紧密，在竞争中占优，而且国外服务机器人也是新兴行业，发展形势较好的服务机器人企业，其产业化历史也在 5~10 年，大多数公司仍处于前期研发阶段，国内外企业在这一领域差距较小。二是因为服务机器人的目标群体在消费端，市场具有广阔空间。随着国内人口老龄化加剧、劳动力成本急剧上升等问题日益突出，服务机器人需求即将爆发，企业将迎来发展契机。

五 技术、市场双轮驱动产业向前迈进

1. 技术推动产品升级，打造产业新增长点

当前，人工智能技术已经成为服务机器人产业发展的主要推动力之一，是服务机器人产品不可缺少的核心技术。同时，物联网、云计算、大数据技术的发展和广泛应用，也推动服务机器人成为数据入口、计算平台以及下一代交互终端。未来，服务机器人将从联网感知、认知、交互，发展到机器人自主分析、判断和决策阶段，可实现"感知—决策—行为—反馈"的闭环工作流程，协助人类生产生活的方方面面。随着智能时代的加速来临，在多学科领域前沿技术的交叉

融合作用下，智能机器人不断衍生进化出复杂功能和新型功用，应用领域持续拓宽。由市场率先落地的扫地机器人、客服机器人逐渐向陪护机器人、教育机器人、情感机器人、康复机器人、超市机器人等方向延伸，服务领域和服务对象不断拓展，机器人本体体积更小、交互更灵活、性价比较高的新式产品不断出现，激发了多元化的消费需求，形成机器人产业新兴增长极。

2. 市场需求潜力巨大，带动行业跃升发展

近年来，我国服务机器人市场快速扩大。随着人口老龄化加快，以及医疗、教育需求的持续增长，我国服务机器人存在较大的发展潜力和市场空间。国家工业信息安全发展研究中心根据IFR、中国电子学会等公开数据整理发现，2018年我国服务机器人市场规模同比增长约43.9%，达18.4亿美元，增速高于全球服务机器人市场增速。其中，家用服务机器人和公共服务机器人市场规模分别为8.9亿美元和9.5亿美元，公共服务机器人市场增速高于家用服务机器人。预计到2020年，随着停车机器人、超市机器人等新兴应用场景机器人的应用发展，我国服务机器人市场规模将突破40亿美元。

3. 多元化应用催生细分市场，"小巨人"企业不断涌现

近年来，随着机器人技术的迅猛发展和市场潜力的不断挖掘，服务机器人应用领域持续扩展，许多过去被认为是以人工操作为主、技能专业性较强的行业领域，通过引入机器人作业，赋能效果突出，显著降低了人力资源成本，实现了良好的经济收益与质量提升。目前，在服务机器人诸多细分领域中涌现一批业务水平较高、贴合行业实际、应用方案成熟的中小型机器人企业，凭借"人无我有、人有我优"的专业化和精品化产品服务在市场竞争中脱颖而出，建立起较为成熟的产品线与供应体系，迅速占领细分领域市场份额，成为该领域内的"小巨人"。"小巨人"机器人企业的出现有利于推动机器人技术在细分行业的迅速普及，加快技术创新与成果转化步伐。

附 录
Appendix

B.13
投资考量框架

梁冬晗*

通过投资前的筛选和评估来确定最具成长空间的人工智能项目是投资成败的关键，整个投资决策过程不仅需要管理人员专业的知识经验，还需要科学客观的选择程序，而且很多因素不能量化，需采用定性与定量相结合的方法建立适合我国投资环境的、科学的、客观的人工智能投资项目评价指标体系。国家工业信息安全发展研究中心总结国内外研究成果，结合国内外项目评估重要指标和当前人工智能发展情况及特点，从项目背景、技术先进性、市场吸引力、公司运营能力、应用结合评价五个大维度提出投资考量框架供投融资机构及相关企业参考。

在项目背景方面，从管理者经验、团队受教育程度、团队组织架

---

* 梁冬晗，国家工业信息安全发展研究中心工程师，研究方向为人工智能、电子信息产业等。

构等方面来考察。管理者经验一定程度上能够说明管理者是否具备专业领域及其相关应用领域的技能知识和丰富的经验以及学习创造能力,并提出系统的分析判断和设计全面的解决方案。团队受教育程度反映出是否具备将企业内部的知识和信息等资源作为智力资本与金融资本,并向外转化为争取市场竞争优化手段的技能。团队组织架构的稳定程度决定了项目发展的进度。团队组织架构主要包括内部组织架构的协调性、管理制度的完善性等方面。

在技术先进性方面,从有效性、适用性、先进性、可替代性、易模仿性等方面来分析。有效性一般参考国内外认可的检测机构对技术的认定,即技术是否能完成所需要的功能以及相关技术参数是否达到标准。适用性主要从技术与当前行业环境、市场标准、产品状况等方面是否兼容来考察技术适用的难易程度和广泛性。先进性一般通过检索国内外同类技术达到的参数来确定所处的水平来判断技术是否具有国际或国内领先水平,先进的技术是投资价值产生的前提,能够为企业带来独特的优势。可替代性指技术能够使用不同方法来实现,当其他替代的技术能够实现待投资的技术相同的功能,同时在有效性、适用性等其他方面更具优势时,则待投资技术的可替代性较高。易模仿性主要评判技术被成功模仿的难易程度,技术一旦被模仿,就会丧失优势地位。通常情况下,申请专利可以减少模仿的发生。

在市场吸引力方面,包含社会用户需求、市场份额、竞争情况、市场进入障碍等诸多方面。巨大且稳定的潜在社会用户需求量是项目投资获得利润的主要市场影响因素之一。需求量越明确,越容易预测市场,从而减少市场风险。市场份额大小决定了同类项目或同一功能产品的竞争程度,随着市场总额的扩大,可能占领的市场份额也随之扩大。竞争情况反映了项目的竞争力、相对的优势地位以及市场阻力大小。竞争对手越多,市场阻力就越大。市场进入障碍主要从两方面进行考虑,一方面,从行业政策环境来判断是否配有支持发展的相关法规政策，如果国家大力发展项目所在市场及行业，则进入市场的难度就会相对减小；另一方面，一旦项目带来经济效益，将会出现一批市场跟随者来瓜分市场份额。企业为保持垄断地位建立的技术壁垒则会使后来者进入市场参与竞争的难度增加。

在公司运营能力方面，涵盖投资规模、融资能力、资金回收速度、盈利能力等方面。就投资规模而言，超出投资规模上限的项目会增加项目投资的风险，投资规模越大，风险越大。融资能力重点关注企业是否能通过除风险投资以外融资渠道取得所需生产周转资金和项目发展资金。人工智能等高科技项目相比普通项目存在更多的不确定性，资金回收速度越快，风险越小。盈利能力反映出项目的发展状况以及企业整合各项内部资源的效率和能力，因而对于企业和投资项目的评估非常重要。

在应用结合评价方面，从造福社会生活、改造行业模式、填补国家产业空白等方面评价。具体体现为是否降低了特定行业及社会公共服务使用门槛、促进信息惠民，是否丰富了相关行业应用、提升行业效率，以及是否具有自主设计研发的技术及其解决方案以填补相关产业空白等方面。

附表1 投资评价考量框架

大维度	小维度	含义
项目背景	管理者经验	专业技能、丰富经验、学习创造能力
	团队受教育程度	争取市场竞争优化手段的技能
	团队组织架构	组织架构的协调性、管理制度的完善性
技术先进性	有效性	技术参数是否达到标准
	适用性	技术适用的难易程度和广泛性
	先进性	是否具有国际或国内领先水平
	可替代性	其他替代技术是能够实现相同功能
	易模仿性	被成功模仿的难易程度

续表

大维度	小维度	含义
市场吸引力	社会用户需求	潜在社会用户需求量
	市场份额	占领的市场空间
	竞争情况	同类项目或同一功能产品的竞争程度
	市场进入障碍	市场阻力大小
公司运营能力	投资规模	项目发展资金
	融资能力	是否能通过多种融资渠道取得资金
	资金回收速度	项目存在的不确定性
	盈利能力	项目的发展状况及效率
应用结合评价	造福社会生活	是否降低特定行业及社会公共服务使用门槛
	改造行业模式	是否丰富了相关行业应用、提升行业效率
	填补国家产业空白	是否具有自主设计研发的技术及其解决方案

B.14 致　谢

　　由国家工业信息安全发展研究中心编写的工业和信息化蓝皮书已在业界形成了一定的影响力，《人工智能发展报告（2018～2019）》旨在为业界和政府主管部门持续提供可靠参考，本年度报告在研究编写过程中得到了付万琳、易江燕、杨阳、于献智、王兴宾等专家的大力支持，获得了许多指导性意见，使本报告更趋于完善，在此，编委会向各专家表示最诚挚的谢意。由于我们能力和水平有限，错误和疏漏之处在所难免，恳请读者批评指正。

Abstract

Artificial intelligence is currently in the third "golden age" of its development, and it plays as an important driving force for the new round of scientific and technological revolution and industrial transformation. Artificial intelligence has come to a stage of rapid development for its practical application and business outreach. The scale of the global artificial intelligence industry continues to expand, the basic theory research and core technology breakthroughs continue to advance. In the fields of clothing, food, housing, transportation, education and medical care, artificial intelligence and social economy have formed integration development, gradually infiltrating into the lives of the general public. In order to seize the commanding point of development, the competition in the field of artificial intelligence is increasingly fierce. Major global countries such as China, the United States, Britain, Germany, France, Japan and South Korea Families have issued policies, relying on the basis of national development to promote the development of artificial intelligence industry. As far as the industrial chain is concerned, competition in the basic layer, the technology layer and the application layer is constantly increasing, and the technology giants and start-ups are working one after another in an attempt to occupy the commanding heights of each track. In 2018, artificial intelligence is still the focus of investment and financing market attention. But unlike the swarms of 2017, the global investment and financing market for artificial intelligence is calming in 2018. China and the United States are still the hot spots for AI investment, and mature AI application scenarios are more favored by the capital side.

Under the guidance of the global artificial intelligence development boom, China's artificial intelligence has made great changes in recent years. In terms of technology, through years of accumulation, the level of artificial intelligence technology in China continues to improve, the number of relevant papers and patents is world-leading, some application technologies have won many prizes in the international contests. In industry, science and technology giants have made overall layouts, a large number of start-up enterprises have rapid development, artificial intelligence industry scale, the number of enterprises, capital market is showing explosive growth, China's artificial intelligence is playing an increasingly important role in the international arena. In terms of regional distribution, China's artificial intelligence industry presents a good situation of the three parallel development echelons, the regional development has its own characteristics. Generally speaking, the integration development of artificial intelligence and the real economy is accelerating, gradually becoming the new driving force of the transformation and upgrading of the real economy, and the artificial intelligence of our country has entered a new stage of integration development.

Enterprises have always been a pioneer in the development of the industry, artificial intelligence has become the vital area for science and technology enterprises. Companies such as Google, Facebook, Amazon, Microsoft, IBM and others have made active movements in artificial intelligence ecology and promoted the rapid development of AI technologies, aiming at building a complete ecosystem ranging from AI technology, integrated solutions, open source platforms, to hardware and industrial applications. Baidu, Alibaba, Tencent, JingDong, iFLYTEK and other domestic enterprises follow the pace of international giants and build artificial intelligence development advantages relying on their core business. New "small giant" enterprises aim to focus on key areas and make breakthroughs in vertical areas. Enterprises from traditional industries accelerate the intelligent transformation and upgrade to avoid lagging behind

Abstract

the opponents.

Looking forward to the future, the formation of massive data, the innovation of theoretical algorithms, the improvement of computing power and the evolution of network facilities will drive the accelerated development of artificial intelligence. The technical maturity of computer vision, natural language processing and intelligent voice will promote artificial intelligence to be more practical. With the maturity of artificial intelligence technology and industry, there will be more obvious progress and breakthrough in the application of artificial intelligence industry. The deep integration of artificial intelligence and traditional industry is still the main trend in the future. Artificial intelligence ethics, morality, security and other issues are discussed repeatedly for better solutions, artificial intelligence is becoming more and more rational.

Keywords: Artificial Intelligence; Chip; Integration Development

Contents

I General Reports

B. 1 The New Era of Artificial Intelligence Enabling is Here
　　　　　　　　　　　　　　　　　　　　　　Liu Xiaoxin / 001

1. The Global Artificial Intelligence Spending is Growing Rapidly　/ 002
2. The Basic Research and R & D of AI is Going Deep　　　　　/ 003
3. The Three Basic Elements Continue to Break Through　　　　/ 005
4. AI Industry Application is Speeding Up　　　　　　　　　　/ 007
5. The Development Environment of AI Industry is Improving　　/ 009
6. The Future Artificial Intelligence will Achieve a New Cross-depth Development　　　　　　　　　　　　　　　　　　/ 012

Abstract: After the irrational development in year 2017, such as capital bubble, artificial intelligence in the 2018 ushered in the road of landing and commercialization exploration, artificial intelligence into the rapid development stage。 The Artificial intelligence global industrial scale continues to expand, basic theoretical research and core technology breakthroughs continue to promote, from food, clothing and shelter to education and medical care, Artificial intelligence all-round and economic and social integration and development, and gradually penetrate into the ordinary public life. At the same time, the thinking of artificial intelligence ethics, morality, security and other issues is also constantly advancing, artificial intelligence is moving towards reason step by step.

Keywords: Artificial Intelligence; New Era; Enablement

B. 2　Artificial Intelligence in China Enters a New Stage of Integration Development　*Zhang Yao* / 017

　1. The Rapid Expansion of the AI Industrial and the Increasing International Competitiveness　／017

　2. The Central and Local Governments Jointly Promote AI Development　／021

　3. The Integrated Applications Continue to Deepen, Becoming a New Momentum of Economic Development　／028

　4. The Development Environment is Positive and Favorable　／029

Abstract: In recent years, China's artificial intelligence has made great strides and has undergone earth-shaking changes. In terms of technology, through years of accumulation, China's artificial intelligence technology level has been continuously improved, the number of related papers and patents has reached the world's leading, part of the rapid development of applied technology, in the international competitions repeatedly top. In terms of industry, the comprehensive layout of science and technology giants, the rapid development of a large number of start-ups, artificial intelligence industry scale, the number of enterprises, the capital market are showing explosive growth, China's artificial intelligence is playing an increasingly important role in the international arena. In general, China's artificial intelligence is accelerating its integration with the real economy. The landing scenes are constantly enriched and the integration depth is continuously strengthened. It has gradually become a new driving force for the transformation and upgrading of the real economy, and China's artificial intelligence has entered a new stage of integrated development.

Keywords: Chinese Artificial Intelligence; Explosive Growth; Integrated Development; New Stage

Ⅱ Industrial Reports

B. 3　The Patterns of Global Artificial Intelligence Industry are Characterized by Development　*Zhang Yao, Wang Miao* / 035

Abstract: With the development of artificial intelligence technology and its applications, governments of various countries have paid more and more attention to artificial intelligence, and have launched industrial layouts to support the development of industries and enterprises by means of funds and policies, and seize the commanding heights of the industry. The global artificial intelligence industry has formed a relatively complete ecosystem. China's artificial intelligence industry is in a stage of rapid development, and a sound industrial chain is gradually taking shape. As far as the industrial chain is concerned, the basic, technical and application layers are all highly competitive, and technology giants and start-ups have made efforts to actively seize the race track. At present, China has become an important driving force for the development of artificial intelligence in the world. From a geographical perspective, based on the forward-looking layout of local governments and the existing industrial base in different regions, China's artificial intelligence industry has shown a good trend of echelon development.

Keywords: Industrial Pattern; Industrial Chain; Regions; Artificial Intelligence

Contents

B.4 Artificial Intelligence has Become the Strategic Layout of
Science and Technology Enterprises
*Liu Yuhan, Zhao Yang, Wang Xishuo,
Liang Donghan and Jia Qun* / 056

Abstract: With the explosive growth of downstream application demand of artificial intelligence, the artificial intelligence industry develops rapidly, all kinds of enterprises have taken artificial intelligence as their strategic focus. Google, Facebook, Amazon, Microsoft and other international Internet giants, Baidu, Alibaba, Tencent, Jingdong, iFLYTEK and other domestic giant enterprises have launched an artificial intelligence plan around their main business, developed core basic technology, built open source platform, and built a complete ecological system from technology research and development to industry applications. Start-ups aim at different sectors, SenseTime and Megvii focus on computer vision fileds, AIspeech and Unisound focus on Voice Recognition, Uisee and Tusimple focus on pilotless automobile, many enterprises have gradually evolved into unicorns in their fields; Hikvision, Baic Motor, Midea and other traditional firms are accelerating transformation and upgrading, trying to build a new ecosystem for traditional industries.

Keywords: Leading Enterprises; Start-up Enterprises; Traditional Industry; Internet

工业和信息化蓝皮书·人工智能

Ⅲ Technical Reports

B.5 Artificial Intelligence Core Basic Technologies Drive the Accelerated Development of Artificial Intelligence

Zhang Qian, Wang Xishuo, Yang Liu,
Li Wei and Yang Mei / 076

Abstract: The developing of artificial intelligence industry have been on the top gear in recent years due to continuous optimizing of hardware, innovating of algorithms in artificial intelligence fields and the explosive growth of volumes of data resource. the optimizing of hardware in artificial intelligence fields comes with better performance on computational capability and more user-friendly prices on using them. Hence, algorithms with more complexity become feasible now. Innovating of artificial intelligence impels the using of these technologies in multiple industries. Data are the fundamental of artificial intelligence, any models requires huge volumes of data for its training. The growth of data resources provides the original excuses for improving of artificial intelligence technologies.

Keywords: Artificial Intelligence; Chips; Data Resources; In-depth Learning

B.6 Applications of Artificial Intelligence Technologies Lead Artificial Intelligence to Practical Uses

Wang Xishuo, Zhang Yutian / 102

Abstract: The rate of developing in artificial intelligence technologies is continuously increasing recently. During this exploding era of AI industries, three fundamental technologies include CV, NLP and smart voice are supporting AI becoming practical. CV gained a huge improvement in 2018, NLP maintained a steady pace of developing at the meanwhile. Smart voice was the very first AI technic used in the daily life, the reliability and accuracy under multiple circumstances improve rapidly, which brought speech recognition industry into a brand new practical period.

Keywords: Image Recognition; Natural Language Processing; Intelligent Speech; In-depth Learning

Ⅳ Integration Reports

B. 7 The Integration of Artificial Intelligence and Real Economy has Gained Initial Success

Liang Donghan, Zhang Qian, Li Wei,
Yu Bo and Zhao Yang / 113

Abstract: With the rapid development of technologies such as deep learning, image recognition, speech recognition and natural language processing, artificial intelligence has been rapidly integrated in scenes with a high degree of informatization, a large fault tolerance rate and a mature business model. In terms of integration breadth, artificial intelligence has been applied in manufacturing, medical care, education, finance, logistics, transportation, security, home furnishing, customer service, retail and other scenarios. From the perspective of fusion depth, only security, customer service and other scenes have more in-depth application, in the manufacturing, education, medical, financial and other scenes have different degrees of single-point application, has not formed a complete solution.

Keywords: Artificial Intelligence Integration Development; Manufacturing; Security; Finance; Medical

V Investment and Financing Reports

B.8 The Global Investment and Financing Market of
 Artificial Intelligence Cools Down *Liang Donghan* / 141

Abstract: In recent years, the scale of commercial investment in the field of artificial intelligence has grown rapidly. China and the United States have become hot spots for artificial intelligence investment. In 2018, the artificial intelligence investment and financing market gradually became calmer, the transaction volume decreased, and investment began to move closer to the head enterprises, showing overall value orientation, technology-driven, and head concentration. Investors are cautious about companies in the growth stage, hoping to invest their money in more developed projects. Computer vision, autonomous vehicles and logistics automation are favored by capital and become the hot investment field of the year.

Keywords: Investment and Financing; Market Cooling; Computer Vision; Automatic Driving; Logistics Automation

B.9 Artificial Intelligence Mature Applications and Enterprises
 are Favored by Capital Market *Liang Donghan* / 149

Abstract: The capital institution pays more attention to the application fields with clear development directions. Mature scenes such as medical health are more favored by capital. The huge market and rigid demand of the medical and health industry is an important reason for the capital to maintain long-term concern for the industry. It has repeatedly received large amounts of financing; the financial industry has been highly financed by financing, and Ant Financial, Xiaomang, Jingdong Finance and other technology giants The financial services industry has received a considerable amount of investment; the consumer-grade home artificial intelligence products application market is huge, attracting the attention of the capitalists; the education investment and financing market is in the early stage of warming up.

Keywords: Medical Health; Finance; Family Companion Robot; Education

Ⅵ Special Subject Reports

B. 10　AI Chip is Going Through an Important Strategic

　　　　Opportunity　　　　　　　　　　　　　　*Zhang Qian* / 153

Abstract: Artificial intelligence chip is one of the indispensable foundations of artificial intelligence development, has a great strategic position and industrial value, and is highly concerned by governments and enterprises. Many China's enterprises have succeeded in the field of AI chips, such as Cambrian and the Huawei whose the technology achievements of the AI chips have attracted worldwide attention. At the moment when the AI chip industry is developing, we should make an objective and sober judgment on the current situation and take advantage of the wide market and the huge data resources, laying down a solid industry base, strengthening the independent innovation, and mastering the core competitiveness of the AI era.

Keywords: Artificial Intelligence Chip; Image Processor; Neurochip

B.11　Computer Vision Steps into the Golden Period

Zhang Yao, Wang Miao and Qiu Kaida / 159

Abstract: In recent years, the computer vision industry has rapidly grown into one of the most popular technologies in the field of artificial intelligence. The industry scale of the global computer vision has grown steadily, and China's computer vision industry has grown rapidly at a higher rate than the global. Computer vision has become one of the most widely applied technologies in current artificial intelligence industry in China. There are three types of important players in China's computer vision industry: Internet giants, startups and traditional security firms. Although startups have joined the market late, they grow up rapidly and are leading in the industry now. They has become the leader in the field of computer vision. From a technical point of view, the application of deep learning algorithms has greatly improved the accuracy of computer vision. At present, face recognition technology has reached commercial level, and video structuring technology is still in a rapid development stage. From the application perspective, computer vision technology has been matured in the security industry and is growing up in the financial, medical, education and other industries. It is expected that in the future, computer vision technology will be further developed in the scenes with less data types, large data volumes and high tolerance of misjudgments.

Keywords: Computer Vision; Deep Learning; Face Recognition

B. 12　Service Robots See Golden Opportunities

　　　　　　　　Zhao Yang, Liu Xiaoxin and Liang Donghan / 172

Abstract: The robot is known as the "Pearl of the Top of Manufacturing Crown". It is an important indicator to measure a country's innovation capability and industrial competitiveness. It has become an important entry point for a new round of technology and industrial revolution in the world. With the wide application of artificial intelligence technology in the field of robotics, service robots are developing in the direction of intelligence. The global service robot market has grown steadily. The world's major countries have raised service robots to the national strategic level. The industry has ushered in a golden opportunity for development. Domestic and foreign companies compete for market development opportunities based on their own advantages. The multi-domain application of service robots has been accelerated, and logistics robots are the first areas where commercial explosions have occurred. The sweeping robots meet the rigid high-frequency requirements of households and the market scale blowouts.

Keywords: Public/Home Service Robot; Lidar; Speech Recognition; Gait Technology

Ⅶ　Appendix

B. 13　Investment Consideration Framework　　*Liang Donghan* / 180

B. 14　Acknowledgement　　　　　　　　　　　　　　　　/ 184

社会科学文献出版社　　**皮书系列**

❖ 皮书起源 ❖

"皮书"起源于十七、十八世纪的英国，主要指官方或社会组织正式发表的重要文件或报告，多以"白皮书"命名。在中国，"皮书"这一概念被社会广泛接受，并被成功运作、发展成为一种全新的出版形态，则源于中国社会科学院社会科学文献出版社。

❖ 皮书定义 ❖

皮书是对中国与世界发展状况和热点问题进行年度监测，以专业的角度、专家的视野和实证研究方法，针对某一领域或区域现状与发展态势展开分析和预测，具备原创性、实证性、专业性、连续性、前沿性、时效性等特点的公开出版物，由一系列权威研究报告组成。

❖ 皮书作者 ❖

皮书系列的作者以中国社会科学院、著名高校、地方社会科学院的研究人员为主，多为国内一流研究机构的权威专家学者，他们的看法和观点代表了学界对中国与世界的现实和未来最高水平的解读与分析。

❖ 皮书荣誉 ❖

皮书系列已成为社会科学文献出版社的著名图书品牌和中国社会科学院的知名学术品牌。2016年，皮书系列正式列入"十三五"国家重点出版规划项目；2013~2019年，重点皮书列入中国社会科学院承担的国家哲学社会科学创新工程项目；2019年，64种院外皮书使用"中国社会科学院创新工程学术出版项目"标识。

权威报告·一手数据·特色资源

皮书数据库
ANNUAL REPORT(YEARBOOK) DATABASE

当代中国经济与社会发展高端智库平台

所获荣誉

- 2016年，入选"'十三五'国家重点电子出版物出版规划骨干工程"
- 2015年，荣获"搜索中国正能量 点赞2015""创新中国科技创新奖"
- 2013年，荣获"中国出版政府奖·网络出版物奖"提名奖
- 连续多年荣获中国数字出版博览会"数字出版·优秀品牌"奖

成为会员

通过网址www.pishu.com.cn访问皮书数据库网站或下载皮书数据库APP，进行手机号码验证或邮箱验证即可成为皮书数据库会员。

会员福利

- 已注册用户购书后可免费获赠100元皮书数据库充值卡。刮开充值卡涂层获取充值密码，登录并进入"会员中心"—"在线充值"—"充值卡充值"，充值成功即可购买和查看数据库内容。
- 会员福利最终解释权归社会科学文献出版社所有。

数据库服务热线：400-008-6695
数据库服务QQ：2475522410
数据库服务邮箱：database@ssap.cn
图书销售热线：010-59367070/7028
图书服务QQ：1265056568
图书服务邮箱：duzhe@ssap.cn

卡号：282179391751
密码：

S 基本子库
SUB DATABASE

中国社会发展数据库（下设12个子库）

全面整合国内外中国社会发展研究成果，汇聚独家统计数据、深度分析报告，涉及社会、人口、政治、教育、法律等12个领域，为了解中国社会发展动态、跟踪社会核心热点、分析社会发展趋势提供一站式资源搜索和数据分析与挖掘服务。

中国经济发展数据库（下设12个子库）

基于"皮书系列"中涉及中国经济发展的研究资料构建，内容涵盖宏观经济、农业经济、工业经济、产业经济等12个重点经济领域，为实时掌控经济运行态势、把握经济发展规律、洞察经济形势、进行经济决策提供参考和依据。

中国行业发展数据库（下设17个子库）

以中国国民经济行业分类为依据，覆盖金融业、旅游、医疗卫生、交通运输、能源矿产等100多个行业，跟踪分析国民经济相关行业市场运行状况和政策导向，汇集行业发展前沿资讯，为投资、从业及各种经济决策提供理论基础和实践指导。

中国区域发展数据库（下设6个子库）

对中国特定区域内的经济、社会、文化等领域现状与发展情况进行深度分析和预测，研究层级至县及县以下行政区，涉及地区、区域经济体、城市、农村等不同维度。为地方经济社会宏观态势研究、发展经验研究、案例分析提供数据服务。

中国文化传媒数据库（下设18个子库）

汇聚文化传媒领域专家观点、热点资讯，梳理国内外中国文化发展相关学术研究成果、一手统计数据，涵盖文化产业、新闻传播、电影娱乐、文学艺术、群众文化等18个重点研究领域。为文化传媒研究提供相关数据、研究报告和综合分析服务。

世界经济与国际关系数据库（下设6个子库）

立足"皮书系列"世界经济、国际关系相关学术资源，整合世界经济、国际政治、世界文化与科技、全球性问题、国际组织与国际法、区域研究6大领域研究成果，为世界经济与国际关系研究提供全方位数据分析，为决策和形势研判提供参考。

法律声明

"皮书系列"(含蓝皮书、绿皮书、黄皮书)之品牌由社会科学文献出版社最早使用并持续至今,现已被中国图书市场所熟知。"皮书系列"的相关商标已在中华人民共和国国家工商行政管理总局商标局注册,如LOGO( )、皮书、Pishu、经济蓝皮书、社会蓝皮书等。"皮书系列"图书的注册商标专用权及封面设计、版式设计的著作权均为社会科学文献出版社所有。未经社会科学文献出版社书面授权许可,任何使用与"皮书系列"图书注册商标、封面设计、版式设计相同或者近似的文字、图形或其组合的行为均系侵权行为。

经作者授权,本书的专有出版权及信息网络传播权等为社会科学文献出版社享有。未经社会科学文献出版社书面授权许可,任何就本书内容的复制、发行或以数字形式进行网络传播的行为均系侵权行为。

社会科学文献出版社将通过法律途径追究上述侵权行为的法律责任,维护自身合法权益。

欢迎社会各界人士对侵犯社会科学文献出版社上述权利的侵权行为进行举报。电话:010-59367121,电子邮箱:fawubu@ssap.cn。

社会科学文献出版社